MOEWIG

LACHEN MIT FIPS ASMUSSEN

Echt Spitze

MOEWIG

Originalausgabe

Umschlagentwurf und -gestaltung:
Werbeagentur Zeuner, Ettlingen
Umschlagfoto: BMG Ariola Miller GmbH, Quickborn
Umschlagillustration: Bernhard Zerwann
Printed in Germany 1995
Druck und Bindung: Elsnerdruck, Berlin
ISBN 3-8118-7383-0 (60er-Kassette)

Hat jemand noch eine Frage?" fragt der Fahrlehrer die Schüler am Tag der Prüfung.
Meldet sich die attraktive Evi: „Ist es eigentlich schlimm für den Motor, wenn man mal vorübergehend mit leerem Benzintank fährt?"

Beim Spaziergang fragt die kleine Susi: „Mama, kaufst du mir einen schönen Schwimmring?"
„Da müssen wir erst Vati fragen."
Nach einer kurzen Pause antwortet Susi: „Warum? Meinst du, ihm wäre es lieber, ich gehe unter?"

Rösners Dackel Waldi ist seit vier Tagen verschwunden.
„Ich habe keine Hoffnung mehr, daß er zurückfindet", jammert Frau Rösner. „Am besten, wir geben eine Anzeige in der Zeitung auf."
„Davon verspreche ich mir nichts", antwortet Rösner. „Oder meinst du, Waldi hat inzwischen lesen gelernt?"

Seitdem ich dich kenne", sagt der Jüngling zu seinem Mädchen, „kann ich nicht essen, nicht mehr trinken und nicht mehr rauchen."
"O Liebster, so sehr liebst du mich?"
„Nein, so sehr bin ich pleite!"

Ich werde dem Chauffeur kündigen!" tobt der Direktor Meier. „Jetzt hat er mich schon zum drittenmal in Lebensgefahr gebracht."
„Aber Herbert", beruhigt ihn seine Frau, „gib ihm noch eine Chance!"

Fünfzig Jahre hat Krause im selben Haus gewohnt. Plötzlich zieht er um ins Nachbarhaus.
„Hat es Ihnen in der alten Wohnung nicht mehr gefallen, Herr Krause?"
„Doch, aber der Wandertrieb war halt stärker!"

Betrachtet sich ein Kahlköpfiger im Spiegel und murmelt anerkennend: „65 Jahre– und noch kein einziges graues Haar!“

Kommt ein Agent zum Manager des Strip-Lokals. „Für Sie habe ich die tollste Frau, die Sie je gesehen haben! Allein die Maße: Oberweite 146, Taille 83 und die Hüfte 94!“
„Und was bringt sie?“
„Nun, sie kriecht übers Podium und versucht, sich aufzurichten!“

Auf Wunsch ihres Mannes hungert sich Frau Braun 40 Pfund runter. Als sie sich abgeschlafft im Spiegel sieht, sagt sie boshaft: „Diese Vogelscheuche gönn' ich ihm."

Ein Arbeitsloser kommt zum Arbeitsamt. „Was sind Sie von Beruf?“ wird er gefragt.
„Bergführer.“
„Und wo?“
„In Schleswig-Holstein.“
„Aber da gibt es doch gar keine Berge.“
„Darum komme ich ja zu Ihnen.“

Was ist denn aus der Vitaminkur Ihrer Frau geworden?“
„Ein prächtiger Junge.“

Zwei Dienstmänner beobachten in Köln zwischen Dom und Hauptbahnhof interessiert, wie eine riesige Spiegelglasscheibe in ein Schaufenster eingesetzt wird. Nach einer Weile stößt der eine den anderen an:
„Komm, Jung, die loße se doch nit falle!“

Ein junges Paar kommt ins Restaurant. Der Ober fragt freundlich: „Was wünschen die Herrschaften?"
„Für mich bitte ein Riesenschnitzel", sagt der junge Mann.
„Ich hätte gern was Kleines!"
„Tut mir leid", sagt der Ober,
„ich bin hier als Kellner angestellt und nicht als Klapperstorch!"

Ein Wachmann stöbert im Park ein Pärchen auf. „Ihr könnt doch das nicht in aller Öffentlichkeit tun! Warum heiratet ihr denn nicht?"
„Wir sind doch verheiratet!"
„Dann macht das doch gefälligst zu Hause im eigenen Bett", schnaubt der Wachmann wütend.
Schüttelt der Mann den Kopf:
„Das geht nicht– meine eigene Frau hat was dagegen."

Wie oft hab' ich dir schon gesagt, du sollst nicht den Gartendreck ins Haus schleppen!"– „367mal, Papa. Warum?"

Was hast du gestern in der Oper gehört?"
„'ne Menge: Schulzes sind pleite, Knallmeier haben sie eingesperrt, und der Kassier von ‚Pelz-Keller' ist mit Kellers Frau samt Kasse durchgebrannt."

Nun paßt mal auf, Jungens", sagt der Lehrer in der Chemiestunde zu seinen Schülern. „Ich werde euch jetzt ein gefährliches Experiment vorführen. Wenn es nicht glückt, fliege ich in die Luft. Kommt ein bißchen näher ran, dann könnt ihr mir besser folgen!"

Wußten Sie übrigens, Herr Kleinknecht, daß schon so mancher Boxer mit einem Schlag reich geworden ist?

An der Ampel steht ein Sportwagen, daneben ein Mann in Turnschuhen. Bei Grün rasen die beiden los, der Läufer überholt und verschwindet am Horizont. Der Sportwagenfahrer folgt ihm und sieht den Läufer in einem riesigen Krater sitzen. „Um Gottes willen, was ist passiert?“
„Ist Ihnen schon mal bei 200 der Turnschuh geplatzt?“

Sagt die junge Mutter zu ihrer Nachbarin: „Denken Sie nur – mein Hansi ist erst neun Monate alt und sitzt bereits!“
„O Gottele“, murmelt die Nachbarin entsetzt, „was hat er denn angestellt?“

Sitzt in der U-Bahn ein Mann neben einer hübschen jungen Dame. Wie zufällig landet seine Hand auf ihrem Knie. „Mein Herr“, zischt sie streng. „Sie irren sich!“
„Wieso“, staunt der junge Mann, „ist das nicht Ihr Knie?“

Herr Ober, in meiner Suppe schwimmt eine Fliege!"
„Dann haben Sie zuviel Suppe bekommen, mein Herr! Normalerweise haben die Fliegen bei uns immer Grund unter den Füßen!"

Die Frau des Komponisten, stolz: „Das beste Werk meines Mannes ist heute zum hundertsten Male im Rundfunk zu hören!"– „Ach, wann denn?"– „Zwischen Programmvorschau und Nachrichten."– „Aber die folgen doch unmittelbar nacheinander."– „Nein, dazwischen gibt es das Pausenzeichen!"

Knobel bittet seinen Chef um acht Tage Urlaub. ,,Was, schon wieder Urlaub? Sie haben doch gerade welchen gehabt!" – ,,Ja, wissen Sie, Chef, ich will heiraten!" – ,,Das hätten Sie aber doch im Urlaub erledigen können!" – ,,Ach nein, ich wollte mir doch meinen Urlaub nicht versauen."

Unmutig der Direktor: „Fräulein Elvira– schon wieder?"– „Aber Sie haben mir doch erlaubt, in der Arbeitszeit zum Zahnarzt zu gehen, da er sonst so wenig Zeit hat!"– „Schon, aber so viele Zähne können Sie doch überhaupt nicht haben – es geht ja schon seit Monaten so."– „Wieso Zähne, Herr Direktor? Der Zahnarzt ist doch mein Verlobter!"

Paul hat verbrannte Ohren. Erkundigt sich sein Freund Fritz: „Was ist passiert? Hast du einen Sonnenbrand?"
„Nein, meine Frau ist in Urlaub gefahren, und ich mußte meine Hose bügeln."
„Aber wieso sind dann deine Ohren verbrannt?"
„Ach, das Telefon hat plötzlich geläutet, und da nahm ich statt des Hörers das Bügeleisen."
„Aber warum ist dann das andere Ohr verbrannt?"
„Ja, ich mußte doch hinterher den Arzt anrufen."

Bei Herrn Huber ruft die Polizei an: „Wir haben gehört, daß Ihre Frau vermißt wird!"
Antwortet Huber: „Nicht von mir!"

Sagt der Arzt zur attraktiven Patientin: „Ich kann noch nicht genau sagen, ob Sie nun ein Baby bekommen oder ob Sie irgendwo die Grippe erwischt haben."
Die junge Dame sinnt etwas vor sich hin, dann meint sie: „Ich glaube eher, daß ich ein Baby bekomme, Herr Doktor. Ich wüßte nämlich nicht, bei wem ich mir die Grippe geholt haben könnte."

Liebste, du glaubst gar nicht, wie traurig ich bin, wenn du verreist."
„Aber ich kehre doch stets zu dir zurück, Hubert!"
„Deswegen bin ich ja so traurig!"

Ein Türke kommt in eine Autowerkstatt. „Meister", klagt er, „ich haben Unfall gehabt, ganze Auto kaputt!"
Fragt der Meister: „Durch eigene Schuld?"
„Nix eigene Schuld!" schreit da der Türke. „War Italiener– immer diese Scheiß-Ausländer!"

Herbert und ich können uns über unsere Hochzeit nicht einig werden."– „Handelt es sich dabei um die Form?" — „Ja, genau– ich möchte kirchlich getraut werden, er gar nicht."

Sie jubelt, als sie paketbeladen vom Einkaufsbummel zurückkommt: „Es ist so herrlich, in einer Zeit zu leben, in der Sparsamkeit die Wirtschaft ruinieren würde!"

Ich habe für meinen Mann so viel gekauft, daß er es gar nicht auf einmal tragen kann."
„Das muß ja ein riesiges Geschenk sein. Was ist es denn?"
„Zwei Krawatten."

Ich werde meinem Mann Goethe und Schiller schenken, und zwar in Leder."
„Sehr vernünftig. Die gehen ja auch nicht so leicht kaputt wie die aus Gips."

Angeklagter", fragt der Richter, „warum haben Sie die Zigarre mit einem Zehmarkschein angezündet?"
„Weil ich Feuerzeugbenzin sparen wollte!"

Also, ich spreche jetzt nicht als Arzt zu Ihnen, sondern von Mensch zu Mensch ..."
„Wird es dann billiger, Herr Doktor?"

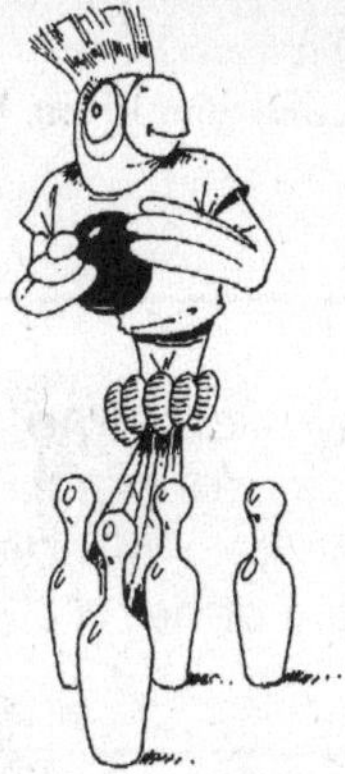

Da sieht man mal, wie sich die Verhältnisse geändert haben. Der Großvater von Müllers hat zehn Jahre für das Haus mit offenem Kamin gespart!"
„Ja, und?"
„Und Müllers sparen, seit sie es vor zehn Jahren geerbt haben, darauf, einmal den Kamin einheizen zu können!"

Frau Neureich lustwandelt durch den Stadtpark. Plötzlich kommt ihr der berühmte Frauenarzt Dr. Fummel entgegen. Frau Neureich erwartet von ihm einen Gruß, doch der Doktor übersieht sie. Da spricht sie ihn an: „Na, Herr Doktor, erinnern Sie sich nicht an mich? Ich bin doch die Frau Neureich."
„O Verzeihung, gnädige Frau", entschuldigt sich da der Herr Doktor, „aber ich habe Sie von außen nicht erkannt."

Lieber Neffe", heißt es in dem Schreiben des Erbonkels, „beiliegend schicke ich Dir die erbetenen zehn Mark. Ich möchte Dir aber noch einmal sagen, daß man 10 nur mit einer, nicht mit vier Nullen schreibt!"

Jedesmal, wenn ich atme, stirbt in China ein Mensch", sagt Huber zu seinem Freund. „Das ist ja auch kein Wunder", antwortet dieser, „bei der Fahne, die du hast!"

Nach dem spannenden Endlauf in der 4 x 100-Meter-Staffel der Frauen geraten sich zwei Teilnehmerinnen in die Haare. Die eine schimpft: „Du dumme Gans! Wir hätten diese Staffel spielend gewonnen, wenn dir auf den letzten zwanzig Metern nicht die Brüste aus dem Takt gekommen wären!"

Rudi, der Fallschirmspringer, macht seinen ersten Sprung. Während er herunterschwebt, sucht er verzweifelt nach dem Flugplatz. Da kommt ihm von unten jemand entgegen, und Rudi schreit:
„He, können Sie mir sagen, wo der Flugplatz ist?“
„Keine Ahnung“, brüllt der andere, „ich komme gerade aus der Munitionsfabrik!“

Der Religionslehrer versucht den Schülern den Begriff des Wunders zu erklären und erzählt ihnen als Beispiel die Geschichte der Hochzeit von Kanaa. „Nun, Stefan, weißt du, wie man eine Handlung nennt, bei der Wasser in Wein verwandelt wird?“
„Stefan antwortet, ohne zu überlegen: „Das kann nur eine Weinhandlung sein!“

Klein Peter schaut zu, wie sich seine Mutter und seine große Schwester anziehen. Schließlich sagt er: „Du, Mami, deine Brust ist aber kleiner als Petras. Bei dir ist wohl schon ein bißchen Luft raus, was?“

Was machst du denn eigentlich in deiner Freizeit, Herbert?“
„Laubsägearbeiten.“
„Da paß aber auf, daß du nicht vom Baum herunterfällst!“

Gestern ist mir eine dumme Geschichte passiert“, sagt Herr Brösel sorgenvoll zu seiner Frau. „Der Pumeier war so betrunken, daß er den Mond verkauft hat.“
Lächelt seine Frau: „Aber das ist doch nur ein dummer Scherz.“
„Dummer Scherz“, stöhnt Herr Brösel, „aber ich habe ihm doch zweihundert Mark anbezahlt!“

Der junge Mann hat im überfüllten Bus nur einen Stehplatz bekommen und nörgelt die Dame hinter sich an: „Drängeln Sie doch nicht so!"
„Ich drängle nicht", antwortet die Vollbusige, „ich atme!"

Erwin bringt seine neue Flamme nach dem Rendezvous nach Hause und wird noch zu einem Glas Wein eingeladen. Während sie einschenkt und er sich in ihrem Zimmer umsieht, sagt sie: „Seien Sie bitte vorsichtig, wenn Sie sich auf die Couch setzen. Denn wenn Sie sich plötzlich stark zurücklehnen und mit dem Arm gegen die Lehne drücken, verwandelt sie sich in ein wunderschönes Doppelbett!"

Mir ist im Leben aber auch alles schiefgegangen", seufzte der alte Herr. „Als ich noch jung war, wollte ich gern meiner Frau treu bleiben, brachte es aber nicht fertig. Jetzt möchte ich ihr gern mal untreu sein – das bringe ich aber auch nicht mehr fertig!"

Der Feldwebel fragt den Gefreiten Müller: „Was machen Sie, wenn Sie in einem Lokal mit einem Zivilisten Streit kriegen?"
„Ich trinke still mein Bier aus und gehe."
„Und was machen Sie, Gefreiter Schmitt?"
„Erst trinke ich sein Bier aus, dann gehe ich."

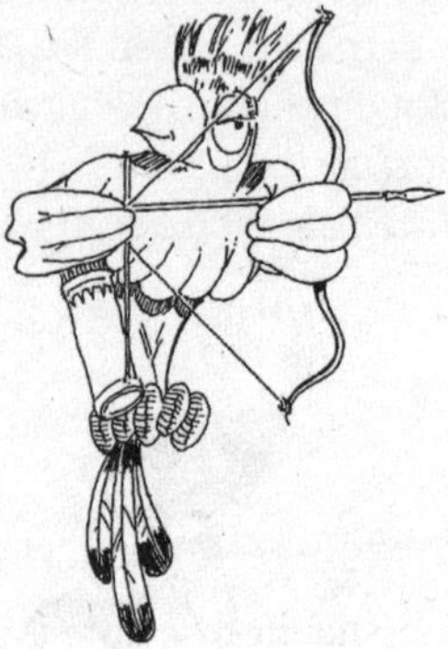

Frau Blümchen muß ihren Bauch röntgen lassen. Sie liegt auf dem Röntgentisch. Der Arzt sagt, sie möge doch das Hemd noch weiter nach oben ziehen.
„Herr Doktor", zürnt Frau Blümchen, „so hoch verlangt's nicht mal mein Mann!"

Gratuliere!" sagt der Arzt zu Frau Möller, die ihren Mann im Krankenhaus besucht, „Ihr Mann ist über den Berg und wird in zehn Tagen wieder zu Hause sein!"
„Machen Sie keine Witze", antwortet Frau Möller, „ich habe alle seine Anzüge verkauft!"

Was ist eigentlich französische Liebe?" – „Ach, ich hab's auf der Zunge, kann es aber nicht ausdrücken!"

Nach der Hochzeitsnacht ruft die junge Frau stolz ihre Mutter an: „Du, mein Karl-Otto war bestimmt noch unschuldig!"
„Wie das?"
„Er war teilweise noch in Plastik verpackt, Mutti!"

Herr Doktor", sagt die blonde Susi, „immer, wenn ich einen jungen Mann sehe, bekomme ich so ein komisches Kribbeln zwischen den Zehen!"
„Interessant", überlegt der Doktor, „und zwischen welchen Zehen kribbelt es?"
„Zwischen den beiden großen Zehen!"

Oma Möller beobachtet den regen Betrieb vorm städtischen Freudenhaus. Sie fragt einen Passanten: „Was sind denn das für Damen, junger Mann?"
„Nun ja", antwortet dieser zögernd, „das sind Prostituierte!"
„Prostituierte?" meint da Oma Möller mit einem gewissen Lächeln, „na, wenn da man nicht auch 'n paar Nutten bei sind ...!"

Ruft der Gast wütend: „Herr Ober! Was sagen Sie denn dazu: Unter meinem Schnitzel finde ich vier Streichhölzer! Was soll denn diese Schweinerei?"
„Das sind doch keine Streichhölzer – das ist der Spargel!"

Der Ehemann zum Einbrecher: „Gott sei Dank, daß Sie endlich da sind – seit 14 Jahren weckt mich meine Frau jede Nacht, weil sie glaubt, Sie seien gekommen ...!"

Nach einer Stunde Wartezeit bringt der Ober dem Gast statt des bestellten Schnitzels ein Eisbein. Der Gast beschwert sich verärgert. „Das haben wir gern", schimpft der Ober, „erst stundenlang herumsitzen und noch meckern!"

Ein Amerikaner zu einem Inder:
„Wenn ich daran denke, was ich für ein Steak bezahlen muß, weiß ich, warum bei euch die Kühe heilig sind!"

Fragt der Lehrer in der Schule: „Welches Tier wiegt ein Pfund?"
Meldet sich Fritzchen: „Das Mäuschen."
„Wieso das Mäuschen?"
„Na ja, mein Vater sagte letzte Nacht im Bett zu meiner Mutter: ‚Du hast aber ein ganz pfundiges Mäuschen!"

Wie können Sie Ihrem fünfjährigen Sohn einen doppelten Whisky geben?"– Faucht der Gastgeber: „Was weiß der schon, was ein Doppelter ist!"

Der Hahn rollt ein Straußenei in den Hühnerstall und ruft alle Hennen zusammen. „Meine Damen", sagte er, „ich will Ihnen ja keine Vorwürfe machen, aber Sie sollten mal sehen, wie anderswo gearbeitet wird!"

Du, in Venedig muß es einen tollen Ohrenarzt geben."
„So? Wie heißt er denn?"
„Markus Platz!"– „Blöder Witz!"
„O nein, es sollen täglich Hunderte von Tauben zu ihm kommen!"

Oma tippt einem jungen Mann auf die Schulter und fragt: „Können Sie mich über die Straße bringen?"
„Selbstverständlich!"
„Und warum gehen wir nicht?"
„Weil die Ampel rot ist und wir warten müssen, bis sie grün ist!"
„Wenn die Ampel grün ist", sagt Oma, „kann ich auch allein gehen!"

Frau Möller hat ihren Mann tüchtig ins Kreuzverhör genommen. Sie wollte herausfinden, wo er seine außerhäuslichen Abende verbringt."
„So", fragt die Nachbarin, „und was ist dabei herausgekommen?"
„Ein schicker Pelzmantel!"

Sagen Sie, woran ist denn Ihr Mann gestorben?"
„An Grippe."
„Na, wenigstens nichts Ernstes!"

Sagt die Ehefrau zu ihrem Mann: „Kennst du den Unterschied zwischen unseren Ehebetten und unserem Bankkonto?"
„Nein!"
„Da gibt es auch keinen: Ich habe beide sauber überzogen."

Zwei werdende Väter gehen nervös auf dem Flur der Entbindungsstation auf und ab. „So 'n Pech", sagt der eine, „ausgerechnet in den Ferien muß das passieren!" „Pech nennen Sie das?" sagt der andere höhnisch, „ich bin auf der Hochzeitsreise!"

Sabine fragt ihren etwas größeren Bruder: „Wo geht eigentlich der Storch hin, wenn er das Baby geliefert hat?"
„Blöde Frage! Zurück in Papas Hose natürlich!"

Bitte nicht", sagt das Mädchen zum stürmischen Jüngling, „ich bin so kitzlig."
„Dann machen Sie sich mal keine Sorgen", antwortet er. „Ich will Sie auch nicht kitzeln."

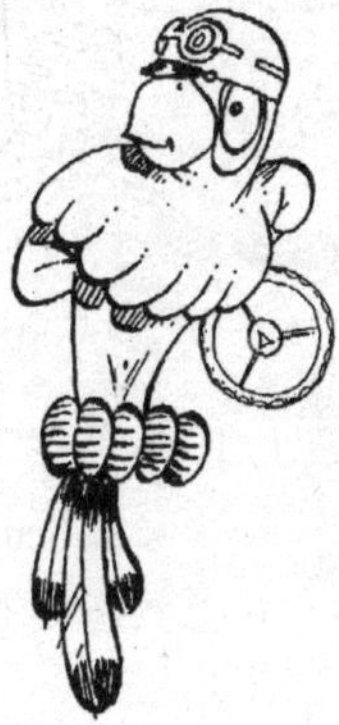

Die Prostituierte hat einen Liliputaner als Kunden.
Sie fragt: „Liegst du gut so?"
Er: „Zu tief."
Sie: „Und jetzt?"
Er: „Zu hoch."
Sie: „Und wie ist es jetzt?"
Er: „Zu spät!"

Die beiden kleinen Jungen streiten sich.
„Mein Vater ist besser als deiner!" sagt der eine.
„Ist er nicht!"
„Mein Bruder ist besser als deiner!"
„Ist er nicht!"
„Meine Mutter ist besser als deine!"
„Pause. „Na, da könntest du recht haben, das sagt mein Vater nämlich auch immer!"

Frage an Radio Eriwan: „Ich habe die Antibabypille vergessen. Nützt es etwas, wenn ich sie hinterher nehme?"
Radio Eriwan antwortet: „Im Prinzip ja. In neun Monaten wieder."

„Na, Eva, wie war die Hochzeitsreise?"
„Och, wie immer..."

Klagt Onkel Gerhard: „Mir geht alles schief! Ich habe einen Gerichtstermin, eine Steuererklärung, einen Wechsel und eine Sekretärin – und alle vier sind überfällig...!"

Ein Ehepaar besucht den Zoo. Plötzlich greift ein Gorillamännchen durchs Gitter, zieht die Frau in seinen Käfig, reißt ihr die Kleider herunter und will sich über sie hermachen.
„Was soll ich denn tun?" schreit sie in höchster Not.
Brummt ihr Mann: „Sag ihm wie üblich, du hättest Kopfschmerzen!"

Im Fernsehen läuft wieder einmal ein todlangweiliger Film. Nach seinem Ende meldet sich die Ansagerin verschlafen zu Wort: „Wir bitten unsere Zuschauer um Verständnis dafür, daß im gesamten Bundesgebiet leider kein Sender ausgefallen ist."

Ich gehe grundsätzlich in jede Filmpremiere, um mitreden zu können."
„Aber– stört das nicht die anderen Besucher?"

Erregt sich der Richter: „Sie haben auf einem verbotenen Weg die junge Förstersfrau angefallen. Sie haben ihr die Kleider vom Leib gerissen, Sie haben sie mehrfach vergewaltigt und anschließend noch beraubt – was haben Sie dazu zu sagen?"
„Herr Richter", sagt der Angeklagte, „ich schwöre Ihnen, ich wußte gar nicht, daß das ein verbotener Weg ist!"

Und dann war da noch dieser Schotte, der seiner Frau immer die Brille abnahm, wenn es nichts Besonderes zu sehen gab...

Kumpel Anton: „Bitte eine Forelle." Der Kellner: „Gerne. Möchten Sie die Forelle blau?"– „Wo denken Sie hin – nüchtern!"

Unerhört, daß Sie hier herumlaufen", sagt der Arzt, als er den Patienten im Krankenhausflur trifft, „ich hatte Ihnen doch strengste Bettruhe verordnet. Wollen Sie sich etwa eine Lungenentzündung holen?"– „Nein, nur eine Flasche Bier!"

Ich habe einen guten Tausch gemacht", sagt ein Irrer zum anderen. „Ich habe meinen Wagen aus der Vorkriegszeit doch tatsächlich einem als das Auto von Kaiser Franz Josef verkauft." – „Und was hat er dir dafür gegeben?" – „Den Wecker von Cäsar!"

Die Hochzeitsfeier ist vorüber, die Gäste sind gegangen. Allein stehen die jungen Leute im Zimmer und schauen sich verliebt in die Augen. „Wirst du mich immer lieben?“ fragt sie.
Er schwört es.
„Werden wir auch Kinder haben?“
„Nicht, wenn wir hier stehen bleiben“, sagt er...

Neueste Meldung aus dem Bundeshaus: In Zukunft sollen vor allen Chefzimmern Zebrastreifen aufgemalt werden, damit auch Fußgänger und nicht nur Radfahrer hinein können!

Aber Sie haben ja ein falsches Lebensalter angegeben, Frau Zeugin", sagt der Richter.
„Falsch nicht, Herr Richter– nur eins von früher..."

Wie war denn Ihr bisheriges Höchstgewicht?" fragt der Arzt den Patienten.
„Zweihundertdreißig Pfund."
„Und Ihr niedrigstes?"
„Fünfeinhalb..."

Der Lehrer fragt Fritzchen: „Na, wie gefällt dir denn dein neues Schwesterchen?"
„Och, soweit ganz gut, Herr Lehrer. Aber ich meine doch, es gibt noch viel mehr Sachen, die wir nötiger gebraucht hätten."

Wie kamen Sie dazu, Angeklagter, Ihrem Untermieter die Trompete zu stehlen? Können Sie denn spielen?"
„Nein, er aber auch nicht."

So ein Chef hat es ja nicht leicht: Jeden Morgen muß er früh im Büro sein, um zu sehen, wer zu spät kommt..."

Verstehen Sie was von Musik?"
„Ja, ein wenig..."
„Was war das, was da eben gespielt wurde?"
„Klavier."

Meine Mutter ist sehr streng", sagt Hildchen.
„Aber wieso? Du kannst doch jeden Abend ausgehen, so lange du willst."
„Ja, ich schon, aber mein Vater nicht..."

Warum wohl ist der Mond nicht bewohnt?"
„Weil es bei Halbmond ein unvorstellbares Gedrängel gäbe."

Die Hausfrau zu ihrer Tochter:
„Margot, geh doch mal bitte in die Speisekammer und hole die Ölflasche, auf der ‚Essig' steht. Da ist der Himbeersaft drin, aber rieche erst mal, ob es nicht doch Benzin ist."

Opa erinnert sich: „In meiner Jugend wurden die Mädchen noch rot, wenn man mit ihnen sprach!"
„Da möchte ich nur wissen, was ihr denen für schlimme Sachen erzählt habt!"

Der Lehrer spricht über den Feierabend.
„Wenn euer Vater müde von der Arbeit nach Hause kommt", fragt er, „was macht er da?"– Ruft Willi: „Das möchte die Mama auch gern wissen."

Es hat Zeugnisse gegeben. „Sogar eine Sechs dabei!" strahlte der Sohn des Eiskunstläufers.

Sie haben gestern abend gewagt, meine Frau zu küssen…!"
„Tatsächlich – jetzt am hellichten Tag wundere ich mich auch darüber!"

Der Scheich läßt seine Frauen kommen und sagt: „Kinder, ich muß euch ein Geständnis machen – ich liebe einen anderen Harem!"

Neulich habe ich gelesen, daß schwarzhaarige Frauen toller lieben als dunkelblonde, dunkelblonde leidenschaftlicher als rothaarige Frauen, rothaarige feuriger als Frauen mit brünetten Haaren."
„Na, ich weiß nicht– meine Frau war schon alles, aber ich habe keinen Unterschied festgestellt."

Sie: „Ich liebe dich."
Er: „Ich mich auch."

Ein Fakir liegt auf seinem Nagelbrett, hält im Arm einen Igel und flüstert zärtlich:
„Mein Muschilein."

Tobt der empörte Kunde an der Supermarkt-Kasse: „Wenn Sie selbst zugeben, daß Sie noch nie einen 43-Mark-Schein gesehen haben, Fräulein, wie können Sie dann behaupten, er sei falsch?"

Es klingelt. Hansjörg öffnet: Seine Freundin Wanja steht vor der Tür.
Sagt sie: „Ich habe heute einen Schwangerschaftstest machen lassen, aber willst du uns nicht reinlassen?"

Susi zu ihrem neuen Verehrer: „Eins will ich gleich mal klarstellen: Ich stehe nicht auf Knutschen!"
„Och, wieso denn nicht?"
„Stehen macht mich immer so müde."

Droht der Herr Direktor dem Briefträger:
„Wenn ich Sie hier noch einmal im Kleiderschrank erwische, dann..."
„Entschuldigung", unterbricht der Briefträger, „aber mit meinem Ischias schaffe ich´s nicht mehr, so schnell unters Bett zu kriechen!"

Ein Ehemann zu seiner jungen Frau: „Jetzt werde ich ein Buch nehmen und mich darin vertiefen!"
„Hach, Alfred", hauchte sie, „warum nimmst du ein Buch?"

Auf dem Polizeirevier klingelt das Telefon. „Hier Wachtmeister Müller!"
„Herr Wachtmeister, in meinem Schlafzimmer tickt eine Bombe!"
„Keine Aufregung, bleiben Sie ganz ruhig. Wir kommen! Solange sie tickt, haben Sie nichts zu befürchten!"

Ist der Wein auch wirklich trocken?" fragt der Kunde den Weinhändler.
„Und wie! Meine Frau staubt nach jeder Flasche, die wir trinken, das Zimmer ab."

Vati, was ist ein Warmer?"
„Frag Tante Hermi, der weiß das ganz genau!"

Der Unteroffizier zum Rekruten: „Na, paßt die Uniform?"
„Ja", kommt es gedehnt zurück, „nur die Hose ist unter den Achselhöhlen etwas zu weit."

Eine Dame kommt zum Psychiater und fragt: „Herr Doktor, können Sie bitte meine Persönlichkeit spalten?"
Der Arzt verblüfft: „Aber warum denn das?"
„Ach, ich bin abends immer so allein."

Mein Mann kommt in einer halben Stunde von der Arbeit nach Hause – ich warne Sie!"
„Was wollen Sie? Ich habe Ihnen doch gar nichts getan!"
„Das ist es ja: Wenn Sie´s noch tun wollen, dann müssen Sie sich beeilen!"

Der Vater klärt seinen kleinen Sohn auf: „Es wird Zeit, daß du nicht mehr alle Märchen glaubst. Der Nikolaus, der Weihnachtsmann, der Osterhase, das bin in Wirklichkeit immer ich gewesen!"
„Das weiß ich alles, Papi, und der Storch bist du auch!"

Sagen Sie mal", erkundigt sich die Neue im Büro, „ist denn unser Chef wenigstens witzig und schlagfertig?"
Die Kollegin anzüglich: „Na, sagen wir´s mal so: Er ist eher hitzig, aber auf einen Schlag fertig!"

Komisch, bei Ihnen hat der Maler zwei Tage gebraucht – und bei uns vier für genau die gleiche Arbeit. Was könnte der Grund sein?"
„Unsere Tochter ist sieben Jahre alt, Ihre siebzehn."

Die Ehefrau zu ihrer attraktiven Nachbarin:
„Könnten Sie nicht wieder mal ‚oben ohne' in Ihrem Swimmingpool baden, damit mein Mann den Rasen mäht?"

Na, wie war eure Bade-Party?"
„Toller Erfolg. Mußten das Wasser aus dem Bassin lassen, damit alle Gäste Platz hatten."

Und wie kam der Kommissar in Ihren Swimmingpool?" fragt der Richter.
„Ganz einfach!" antwortet die Angeklagte.
„Er fragte: ‚Und wie kam Ihr Mann in den Swimmingpool?'"

Fragt der Ober: „Essen Sie gern Wild, mein Herr?"
„Nein, ich esse lieber ruhig und langsam!"

**Hier sind die zwei Schnitzel", sagt der Ober im „Gasthof Alpenblick".
„Hören Sie mal", erregt sich der Gast, „ich habe doch nur ein Schnitzel bestellt!"
„Ach, herrje", seufzt der Ober, „dann war das schon wieder unser Echo hier...!"**

Der Hopfenbauer im bayrischen Unterpfaffenhausen hat einen Jungen adoptiert, weil seine Ehe kinderlos geblieben ist. „Schön und gut", sagt der Nachbar nachdenklich, „daß du so ein Waisenkind zu dir nimmst, aber – weißt du – mußte es denn gerade so ein kleiner Negerbub sein?"
„Natürlich! Da weiß ich doch ganz sicher, daß der Vater kein Preiß war!"

Mein Kind kaut häufig Nägel", klagt Frau Möller dem Arzt. „Das ist aber sehr gefährlich!" meint der Doktor. „Nehmen Sie Ihrem Kind die Nägel weg, und geben Sie ihm lieber schöne große Messingschrauben!"

Der Chef nimmt sich nach sechs Wochen den neuen Mitarbeiter vor: „Wie schaffen Sie es eigentlich, an einem einzigen Tag so viel falsch zu machen?"
„Ich stehe eben früh auf, Herr Direktor!"

Herbert erscheint beim Vater seiner Freundin. „Ich weiß", sagt er, „es ist nur eine Formalität – aber ich bitte Sie um die Hand Ihrer Tochter!"
Der Vater entgegnet verwundert: „Was sagen Sie? Nur eine Formalität? Wer hat Ihnen denn diesen Floh ins Ohr gesetzt?"
„Der Arzt, der die Schwangerschaft Ihres Fräulein Tochter festgestellt hat."

Ein Hundertjähriger wird interviewt. „Und wie sieht es mit Ihrem Sexleben aus?"
„Ich kann nicht klagen", freut sich der alte Herr, „jedenfalls viel besser als vor hundert Jahren!"

Bei einer großen Fluggesellschaft wurde eine Werbeaktion gestartet. Bei Geschäftsreisen der Männer dürfen die Ehefrauen zum halben Preis mitfliegen. Einige Zeit später werden die Ehefrauen gefragt, wie ihnen die Reise gefallen habe. Die Antwortbriefe kommen jetzt langsam zurück. Alle lauten gleich: „Was für eine Reise?"

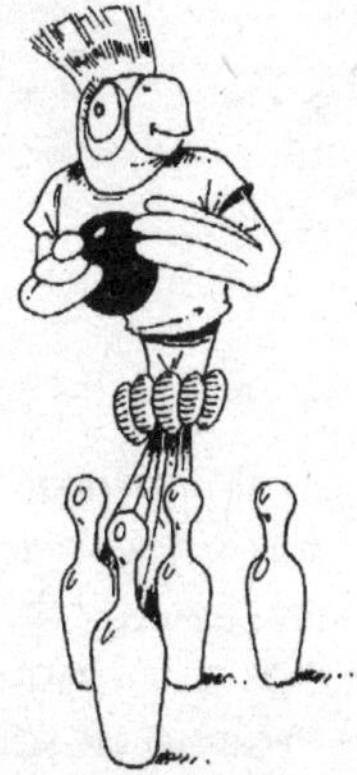

Warum hast du denn von der geworfenen Pflaume eine solche Platzwunde?"
„Sie war noch im Glas!"

Fragt die kleine Kirstin: „Mama, warum hast du denn keine Haare auf der Brust, so wie Papa?" „Kindchen", sagt die Mutti, „auf einem Spielplatz wächst ja auch kein Gras."

Studiert deine Freundin immer noch Mathematik?"
„Was sie macht, ist mir völlig egal! Ich will sie nicht mehr sehen, denn ich bin mit ihr fix und fertig!"
„Aber wieso denn das auf einmal?"
„Weil sie mir vorige Woche geschrieben hat, sie liege im Bett und plage sich mit drei Unbekannten ab!"

Sitzen zwei Katzen an der Bar und trinken einen nach dem anderen. Sagt die eine: „Beeil dich, sonst kommen keine weißen Mäuse!"

Ein Ehemann, der die ganze Nacht mit seiner Freundin durchgezecht hat, ruft am nächsten Morgen seine Ehefrau an: „Zahle bloß nicht das Lösegeld, Marianne – ich bin ihnen entwischt!“

Fragt Frau Möller ihre Freundin: „Was hältst du eigentlich von der Pariser Mode?"
„Ehrlich gesagt – gar nichts! Ich nehme lieber die Pille!"

Die neue Sekretärin der Firma „Krawuttke und Geiler“ wird von ihrer Vorgängerin eingewiesen.
Plötzlich kommen die beiden Chefs ins Büro. Flüstert die Neue neugierig: „Und welcher ist nun Geiler?“
„Der Krawuttke!“

Hintermeier! Sie kommen ja schon wieder zu spät ins Büro! Warum bloß?"
„Weil mir sonst der Arbeitstag zu lang wird."

Als der Arzt sagt: „Gegen Ihre Krankheit kann man nichts machen, die ist ererbt", sagt der Patient: „Na gut – dann schicken Sie die Rechnung bitte an meinen Vater!"

Von Bommel hat man lange nichts mehr gehört."
„Der sitzt!"
„Nein, aber warum denn?"
„Weil er gestanden hat!"

Horst, hast du deinen Geschichtsaufsatz auch wirklich ganz allein gemacht?"
„Jawohl! Bloß bei der Ermordung des Julius Cäsar hat mir mein großer Bruder geholfen."

Karl ißt Karpfen nur blau!"
„So anspruchsvoll ist mein Otto zum Glück nicht. Er ißt ihn auch, wenn er nüchtern ist."

Sie hatte ihre Hände bittend zusammengelegt, und ihre Augen waren fest geschlossen: „Ich bitte nicht für mich selbst, aber meine Mutter sehnt sich so nach einem Schwiegersohn!"

Eigentlich hast du viel Ähnlichkeit mit mir, Fritzchen!"
„Ach, das macht nichts, Tantchen! Weißt du, Jungs brauchen gar nicht so hübsch zu sein."

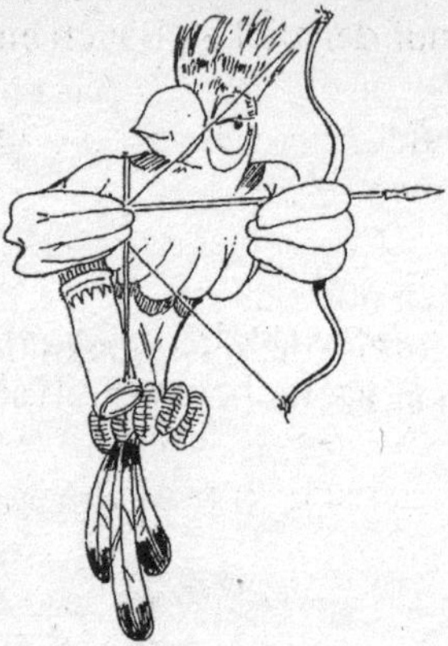

Die Brüder stehen vor dem Giraffenkäfig. „Peter", fragt der Fünfjährige, „erkälten sich Giraffen auch, wenn sie kalte und nasse Füße bekommen?"
„Klar", antwortet der Ältere, „aber erst eine Woche später."

Ein Autofahrer erreicht die Côte d' Azur und wird von einem Streifenwagen gestoppt: „Sie fahren ohne Rücklicht!"
„Was?" fragt der Autofahrer, stürzt aus dem Wagen, geht nach hinten und bricht in Tränen aus.
„So schlimm ist das doch auch wieder nicht", meint der Polizist verwirrt.
„Für Sie nicht", schluchzt der Autofahrer, „aber für mich bedeutet das den Verlust eines Campingwagens, meiner Frau und meiner drei Kinder."

Am Strand tropft etwas Eis aus der Tüte eines kleinen Jungen direkt auf den dicken Bauch eines schlafenden Kurgastes.
Der schreckt auf: „Junge, Junge, die Möwe muß aus Alaska gekommen sein!“

Ein Ehepaar macht Urlaub an der Nordsee. Fragt er: „Freust du dich gar nicht, daß ich so gut tauchen gelernt habe?“
„Wozu? Du tauchst ja immer wieder auf!“

Eine Dame ruft beim Elektriker an und fragt: „Kann ich mal den Meister haben?“
„Gehen Sie doch ins Bett, mit wem Sie wollen“, antwortet eine aufgebrachte Stimme, „aber nicht mit meinem Mann.“

Ein Mann reklamiert seine neue Schreibmaschine: „Dei letztne Buchstabne sidn immre vertausceth!“

Zwei nicht mehr ganz junge Damen betreten das Antiquitätengeschäft. Der Inhaber eilt ihnen händeringend entgegen. „Ich weiß, in meine Anzeige ist ein fürchterlicher Druckfehler hineingeraten; ich suche nur zwei alte Uhren!“

Als Müller neulich nach Hause kam, stand ein nackter Mann in seinem Schlafzimmer und sagte, er sei der Ofensetzer, der den Ölofen reparieren solle.
„Aber die haben doch keinen Ölofen."
„Der Mann war ja auch kein Ofensetzer."

Auf der Wiesen. „Ach, Sabine, wenn ich Ihnen nur das Gefühl beschreiben könnte, das plötzlich mein Innerstes bewegt!“
Da unterbricht sie ihn: „Mir geht es nicht viel besser. Wir hätten eben auf den Pflaumenkuchen kein Bier trinken dürfen.“

Sie sind die berühmte Sängerin – ich habe Sie mir ganz anders vorgestellt."
„Geschmeichelt sagt die Dame: „Sie dachten wohl, ich sei klein, dick und häßlich!"
„Nein, im Gegenteil, groß, schlank und schön."

Rainer wollten Sie Ihren Sohn nennen? Das geht nicht", sagt der Standesbeamte.
„Warum denn nicht?"
„Na, weil Sie mit Familiennamen Zufall heißen."

Kaum sind Lehmanns in ihr neues Haus eingezogen, tropft es von allen Decken. Wütend holt Lehmann den Architekten.
„Ist das immer so?"
„Nein", sagt der Architekt. „Nur wenn es regnet."

**Herr Huber, ich möchte Ihre Tochter heiraten."
„Haben Sie denn schon meine Frau gesehen?"
„Ja, aber ich hätte doch lieber Ihre Tochter."**

Die alte Dame sucht mit viel Mühe einen Halt in der überfüllten Straßenbahn. Alle Sitzplätze sind besetzt. Da tippt ihr ein junger Mann auf die Schulter und flüstert: „An der übernächsten Haltestelle müssen Sie auf Zack sein – da steige ich aus!"

Ein hartnäckiger Wilderer steht nicht zum erstenmal vor Gericht. Erschwerend wird angesehen, daß er in der Nacht gewildert hat. Darauf tobt sein Verteidiger: „Beim letzten Mal wurde straferschwerend angesehen, daß er bei Tag gewildert hat, diesmal weil er bei Nacht gewildert hat. Ja zum Donnerwetter, wann soll mein Klient denn wildern?"

Fink führt die hübsche Blondine ins Restaurant. Da alles sehr teuer ist, überlegt er lange, was er bestellen soll, und seufzt schließlich: „Ich weiß nicht, was ich uns zuerst kommen lassen soll."
„Am besten einen Krankenwagen", flüstert seine Begleiterin, „mein Mann kommt gerade herein."

Sie sagen, das Grundstück hätte eine ruhige Lage. Aber macht die Fabrik nebenan nicht sehr viel Lärm?"
„Ach, bewahre, es ist doch eine Filzschuhfabrik."

Was für ein ungewöhnlicher Fall", sagt der Chefarzt am Krankenbett, „er wird die Medizin außerordentlich bereichern!"
„Da muß ich Sie enttäuschen, Herr Doktor, ich bin Kassenpatient!"

Befiehlt der Feldwebel den zwei Rekruten: „Sie gehen jetzt auf die Weide, tarnen sich als Kühe und halten bis zum Abend die Stellung, verstanden?"
„Jawohl, Herr Feldwebel!" sagt ein Rekrut. „Und was tun wir, wenn der Bauer melken will?"

He, Sie fahren viel zu langsam!"
„Tut mir leid, Herr Wachtmeister, ich lerne noch."
„Ohne Fahrlehrer?"– „Ich hab' einen Fernlehrgang belegt."

Empört fragt der Zuschauer die Platzanweiserin: ,,Warum telefonieren die Schauspieler ständig? Gehört das etwa zum Stück?''
,,Die Souffleuse ist krank, sie arbeitet vom Bett aus!''

Stimmt es, daß Ihre Gattin künstlerisch sehr begabt ist?"
„Ja, ihr ist es ganz egal, wie die Suppe schmeckt. Hauptsache, sie hat eine schöne Farbe!"

Wer wird hier eigentlich operiert?“ fragt der Chefarzt.
„Ein Mann, der einen Golfball verschluckt hat.“
„Und was will der andere Mann, der hier herumsteht?“
„Der wartet auf den Golfball, er will weiterspielen.“

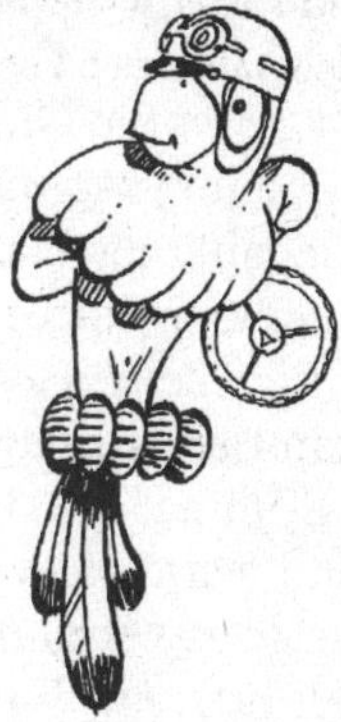

Der Mann von Frau Müller sieht aus wie ein Seehund.“
„Stimmt, deshalb fahren sie auch nicht mehr an die See. Wenn Herr Müller irgendwo am Strand lag, kam jedesmal einer vom Tierschutzverein und wollte ihn betreuen...“

Die Kompanie marschiert im Gleichschritt. Brüllt der Spieß: „Links, zwo, drei, vier– links, zwo, drei, vier...“ Fragt ein Soldat: „Dürfen wir auch mal das rechte Bein benutzen?“

Beruhigen Sie sich", sagt der Psychiater. „Sie sind kein Kaninchen! Aber verraten Sie mir doch einmal, wo es diesen herrlichen Klee gibt, den Sie in der Tasche haben!"

Fragt Fritzchen den Verkäufer:
„Ist das Hörgerät für meinen Opa schon fertig, bitte?"
„Nein, leider noch nicht. Braucht es dein Opa denn dringend?"
„Nein, mein Opa nicht, aber die Oma. Sie will ihm mal wieder gehörig die Meinung sagen!"

Das junge Paar verbringt seine Hochzeitsnacht im Hotel. Er sitzt bereits auf dem Bett, sie verschwindet im Bad. Da hört er plötzlich ihre Stimme: „...63...64...65...!" Er glaubt an ein Liebesritual und wartet nervös.
Minuten verstreichen. Jetzt vernimmt er:
„...997...998...999...Hiiiilfe, ein Tausendfüßler!"

Sagt die attraktive Kundin: „Ich möchte einen Badeanzug!"
Verkäufer: „Wie soll er denn sein? Wollen Sie etwas erleben, oder wollen Sie sich erholen?"

Wer ist denn nun eigentlich bei dir Herr im Haus?"
„Meine Frau kommandiert die Angestellte, meine Kinder kommandieren unseren Hund..."
„Und du?"
„Ich habe die Blumen übernommen."

Susi kommt mit einem Baby zum Arzt.
„Bekommt die Kleine die Brust oder die Flasche?"– „Die Brust."
„Dann machen Sie sich mal oben frei." Bei der Untersuchung meint der Arzt verwirrt: „Aber Sie haben ja gar keine Milch!"
Darauf Susi: „Ich bin ja auch die Nachbarin!"

Elli hat ihre Stimme in Italien ausbilden lassen."
„Oh, sieh mal an, in Italien. Das finde ich aber sehr rücksichtsvoll."

Das Flugzeug fliegt schon über den Wolken, da lacht der Pilot hysterisch ins Bordmikrofon. „Was ist los?" fragt ihn eine Stewardeß erschrocken.
„Ich muß gerade daran denken", feixt der Mann am Steuer, „was die in der Irrenanstalt wohl denken, wenn sie merken, daß ich abgehauen bin!"

Anton", fragt die Ehefrau, „welcher Papst war das doch gleich, dem wir unseren Kalender verdanken?"
„Papst", wundert Anton sich. „Das war kein Papst, den hat uns der Kohlenhändler zu Neujahr geschickt."

Wie ist denn deine Affäre mit dem Abteilungsleiter ausgegangen?" fragt Rita ihre Freundin.
„Ach, er nannte mich immer sein Engelchen, und als eines Tages seine Frau dahinterkam, bin ich geflogen!"

Der Chef pfeift anerkennend durch die Zähne, als er ein attraktives Mädchen sieht.
„Hast du die auch unter dir?" fragt ihn sein Freund.
Lächelt der Chef versonnen: „Ab und zu mal..."

Die blonde Petra serviert ihrem Mann das Essen im sehr knappen Bikini. Nachdem er ein bißchen gegessen hat, fragt sie lächelnd: „Scharf genug?"
„Aber sicher doch, mein Schatz", seufzt er, „kann ich eben noch schnell zu Ende essen?"

Was denn", staunt Martina, „du willst Dieter wirklich heiraten? Er hat doch nur ein ganz kleines Gehalt!"
„Jaaa", strahlt Susanne, „aber ein sagenhaftes Stehvermögen!"

Die alte Jungfer fragt die Haushälterin: „Anna, hat der Kanarienvogel schon gebadet?"
„Ja, gnädiges Fräulein, Sie können jetzt wieder reingehen."

Mein Onkel war im Krieg Offizier und hatte Hunderte von Soldaten unter sich."
„Ja, ja, bei meiner Großtante war das ganz ähnlich – sie hatte Hunderte von Soldaten über sich!"

In der überfüllten Straßenbahn wird ein junger Mann gegen eine hübsche junge Dame gepreßt. Als er ein paar Stationen später aussteigen will, tritt ihm das Mädchen heftig gegen das Schienbein und faucht: „Fangen Sie demnächst nicht mit etwas an, das Sie nicht auch anständig zu Ende bringen können!"

Eine Ballettschülerin wartet auf den Zug. Um sich die Zeit zu vertreiben, macht sie auf dem Bahnsteig Gymnastikübungen, sie schwingt die Beine, hüpft und wippt. Tippt ihr eine ältere Frau auf die Schulter. „Kommen Sie, Fräulein, ich zeige Ihnen, wo es ist."

Nanu, eigenartig, Ihr Mann stampft und faucht ja so seltsam und macht so seltsame, ruckartige Bewegungen..." – „Ja, denken Sie nur, das tut er schon seit dem Mittagessen. Mir ist was passiert. Ich habe ihm versehentlich Maschinenöl in den Salat getan!"

Dieter kommt zur Musterung. Der Stabsarzt prallt überrascht zurück.
„Mann“, ruft er aus, „haben Sie aber ein Organ!“
„Woher wollen Sie das wissen? Ich hab‘ ja noch kein einziges Wort gesagt!“

Die Karawane zieht durch die Wüste. Die Männer sitzen auf den Kamelen, die Frauen laufen nebenher. Fragt ein Tourist: „Nimmt man denn hier keine Rücksicht aufs schwache Geschlecht?“
„Im Gegenteil“, antwortet eine der Frauen, „wir wollen abends keine müden Männer!“

Zwei Freundinnen unterhalten sich. Alfred sitzt still im Sessel und schweigt.
„Ist dein Mann immer so still?“
„Nicht immer, du solltest ihn mal essen hören!“

Für das normale Porto ist der Brief um drei Gramm zu schwer", sagt der Postbeamte zu Onkel Herbert.
„Warten Sie, bis die Spucke unter der Marke trocken ist, dann stimmt's wieder!"

Fragt die Mutter die Tochter:
„Ist denn dein neuer Freund auch sparsam?"
„O ja, Mutti, wenn ich bei ihm bin, macht er sofort das Licht aus!"

Trifft Herr Müller einen alten Freund: „Ich möchte mich scheiden lassen!"
„Na, dann tu es doch endlich!"
„Ich kann nicht! Jedesmal, wenn ich zu Hause davon anfange, haut mich meine Frau windelweich!"

Die romantische Susi und ihr Freund Xaver gehen in den Münchner Isar-Auen spazieren. „Schau mal", ruft sie plötzlich verzückt, „die vielen Sterne dort droben– Milliarden Sterne und noch viel mehr!"
„Toll", staunt da der Xaver, „und dabei sind das nur die vom Stadt- und Landkreis München!"

Schwester zum Patienten:
„Hören Sie es manchmal ticken, Herr Meier?"
„Wieso ticken?"
„Der Herr Doktor vermißt nämlich seit Ihrer Operation seine Uhr."

Ein Ehemann kommt auf die Detektiv-Agentur: „Ich habe den Verdacht, meine Frau betrügt mich. Ich möchte sie beschatten lassen, und zwar Tag und Nacht. Setzen Sie Ihren schlechtesten Detektiv ein!"
„Warum ausgerechnet den schlechtesten?"
„Je weniger ich weiß, desto besser!"

Eine nicht mehr ganz junge Ehefrau beklagt sich: „Mein Mann behandelt mich miserabel. Er macht nur noch Geld. Er macht mich so nervös, daß ich ständig abnehme!“
„Warum trennst du dich nicht von ihm?“
„Das tue ich schon noch, aber erst bei 108 Pfund.“

Fred speist mit einem jungen Mädchen. Plötzlich läßt ihm der Kellner ein Zettelchen in die Hand gleiten, und Fred liest: „Ich bin die Dame, die fünf Tische weiter sitzt. Das junge Mädchen, mit dem Sie speisen, ist mein Dienstmädchen. Außerdem trägt sie eines meiner Kleider.“
Fred zückt seinen Füllfederhalter und setzt darunter: „Seien Sie unbesorgt, gnädige Frau, sie wird es nicht lange anhaben.“

Unerwartet begegnen sich die beiden Verflossenen wieder. Peinliches Schweigen. Dann fragt er:
„Nun, was macht deine Diätkur?"
„Klappt prima. Allein letzte Woche habe ich acht Pfund abgenommen."
„Wie hast du denn das gemacht?" fragt er skeptisch.
„Ich bekam ein Baby."

Frau Zeugin, ich ermahne Sie noch einmal, die Wahrheit zu sagen. Sie behaupten, zwei Brüder zu haben, aber Ihr Bruder schwört, er habe nur einen."

Ächzend schleppt Rösner einen Schrank. Fragt ihn seine Frau: „Wo ist denn Kläuschen, ich denke, er hilft dir?"
„Tut er ja auch. Er sitzt im Schrank und trägt die Kleiderbügel."

Kinder, wer von euch kann mir erklären, was das deutsche Bundesgericht ist?"
„Eisbein mit Sauerkraut, Herr Lehrer."

Kommt ein Huhn in die Kneipe und sagt: „Bitte etwas Salz und einen Eierbecher."

**Segelzubehör wird auch immer teurer."
„Ja, besonders das blonde..."**

**Minna, haben Sie schon den Gummibaum gegossen?"
„Nein, gnä' Frau, ich dachte, der ist wasserdicht."**

Der Erbe des Hofes geht mit seiner Braut spazieren. Sie kommen auch an der großen Weide vorbei. Ein Stier bespringt gerade eine Kuh. Sagt der junge Mann: „Du, das möchte ich jetzt auch gerne!"
„Meint sie: „Kannste doch, sind doch alles eure Kühe!"

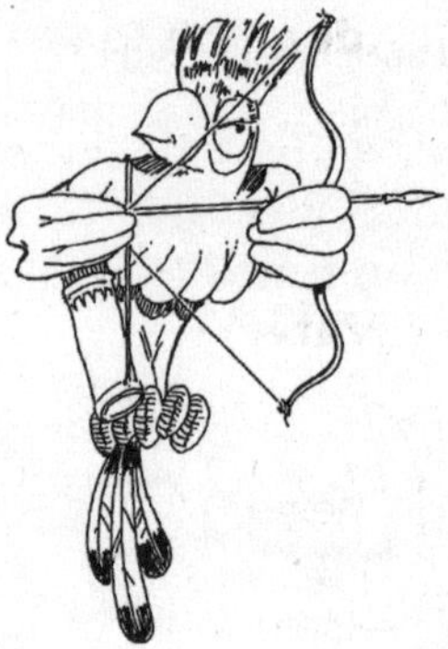

Der Missionar hat den Versuch gemacht einen Kannibalenstamm zu bekehren. Schon einen Tag nach seiner Ankunft soll er gebraten werden. Verständlicherweise jammert er sehr.
„Sie brauchen keine moralischen Bedenken zu haben, Hochwürden", sagt der Häuptling. „Wir sind keine Menschenfresser mehr, wir exportieren nur Büchsenfleisch."

Fragt die Nachbarin ganz nervös: „Warum schreit denn das Baby so fürchterlich?"
„Es bekommt Zähne", antwortet die Mutter.
„Ja, will es denn keine?"

Ein schon sehr betagter Herr sieht in einem Fahrstuhl ein bildhübsches, gutgebautes Mädchen und spricht es an. Schließlich schlägt die Kleine vor: „Wie wär´s mit einer Verabredung?“ Der alte Herr schüttelt den Kopf: „Tut mir leid, das geht nicht. Meine Eltern erlauben es nicht!“ Das Mädchen staunt: „Ihre Eltern?“ – „Ja“, lächelt da der ältere Herr, „Vater Zeit und Mutter Natur!“

Prahlen die Kinder auf dem Schulhof: „Ätsch – wir sind drei Kinder, und jedes hat sein eigenes Bett!“
„Ätsch – wir sind vier Kinder, und jedes hat seine eigene Zahnbürste!“
„Ätsch – wir sind fünf Kinder, und jedes hat seinen eigenen Vater!“

Heute morgen hat meine Frau wie eine Furie getobt.“
„Warum denn?“
„Ich hatte mir erlaubt, ein Katerfrühstück zu mir zu nehmen.“
„Was ist daran so schlimm?“
„Meine Frau hing sehr an dem Tier!“

Im Kleinstbetrieb Meier & Krause ist ein Dutzend Ingenieure damit beschäftigt, einen Computer zu installieren. Kopfschüttelnd schaut Meier auf die Unmengen Kabel, Drähte und Schaltelemente: „Unglaublich, was alles dazugehört, einen Idioten wie Krause zu ersetzen.“

Der Beamte zur neuen Mitarbeiterin:
„Wissen Sie eigentlich, was ein Verwaltungsakt ist, Fräulein Blümchen?“
Haucht sie: „Aber Herr Inspektor...!“

Ein Filmstar zur Freundin: „Ah, meine Liebe, ich kenne nur zwei Zerstreuungen – die Jagd und die Männer.“
„Wieso die Jagd?“ fragt die Freundin.
„Die Jagd auf Männer natürlich!“

Der Ehemann in der Liebesnacht: „Schatz, jetzt wechsel mal die Stellung!"
„Warum?" empört sie sich. „Gerade jetzt, wo ich eine Gehaltserhöhung kriege!"

Du warst in Paris? Hast du auch einen tollen Strip gesehen?"
„Klar, eine rabenschwarze Negerin vor einem rabenschwarzen Hintergrund!"
„Da konnte man doch nichts erkennen."
„Doch, die Zähne, die waren Klasse!"

Flüstert die blonde Anita dem flotten Heiner zu: „Warum bleibt eigentlich immer nur deine Uhr stehen?"

Karin", ruft die Mutter ihrer Tochter in der Diele zu. „Ist der Briefträger schon gekommen?"
„Noch nicht, Mutti", ruft die Tochter zurück, „aber er atmet schon heftig!"

Ein Ehemann überrascht seine Frau mit einem Mann im Bett: „Sie Lump“, brüllt er, „ich werde Sie erschießen!“
Wendet sich die Frau an den Mann im Bett: „Du brauchst das nicht so persönlich zu nehmen, Liebster, solche Sachen sagt er jedesmal!“

Gute Nachrichten von Hoffmanns aus Las Palmas. Es regnet in Strömen. Das bedeutet 300 Las-Palmas-Dias, die wir nicht ansehen müssen!“

Ich habe seit einigen Monaten die Schriftstellerei zu meinem Beruf gemacht!“
„Interessant! Haben Sie auch schon etwas verkauft?“
„Das will ich meinen! Mein Haus, mein Auto und gestern auch noch meine Schreibmaschine!“

Kennen Sie das Kapital von Marx?" wird Herr Meier auf einer Party gefragt.
„Nö, nicht genau. Aber viel kann es nicht gewesen sein, sonst wäre er nicht auf die Idee gekommen, solche schrecklichen Dinge über die reichen Leute zu schreiben!"

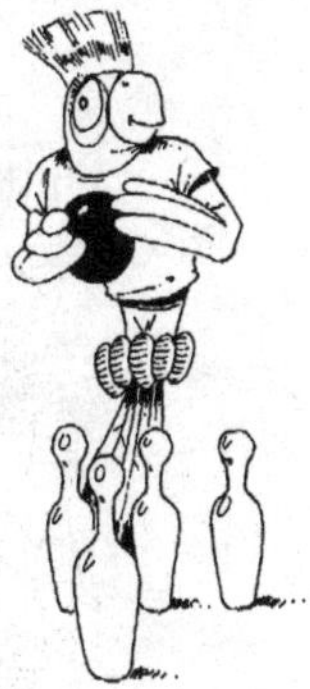

Haben Sie auf Ihren vielen Reisen nie ein Eisenbahnunglück erlebt?"
„Doch – einmal. Es war in einem Tunnel – da küßte ein junger Mann statt der Tochter den Vater."

Eine Dame kommt in Trauerkleidung in die Buchhandlung. In der Hand hält sie das Buch „Die Pilze unserer Heimat".
Der Buchhändler drückt ihr ergriffen die Hand: „Herzliches Beileid, gnädige Frau, der Verlag hat den Druckfehler inzwischen korrigiert!"

Wie viele Hühner haben Sie?"
„Genau 1000 Stück, von denen 999 Eier legen."
„Und was tut das 1000. Huhn?"
„Tja, irgend jemand muß ja die Bücher führen, nicht wahr?"

Vor drei Wochen habe ich alle Laster aufgegeben – das Trinken, das Rauchen und den Sex!"
„Respekt, mein Lieber!"
„Es waren wirklich die schlimmsten 20 Minuten meines Lebens!"

Man tauscht Jugenderinnerungen aus. Einer beginnt:
„Ich bin in Köln geboren und in Düsseldorf zur Schule gegangen..."
„Sie Armer! Da hatten Sie aber einen langen Schulweg."

Die Braut sah aber in der Kirche sehr müde und abgespannt aus."
„Kein Wunder, sie ist auch drei Jahre hinter ihm hergerannt."

Nun, Kleiner, was wird aus dir, wenn du einmal ein erwachsener junger Mann bist?"
„Aus mir wird nie ein erwachsener junger Mann."
„Warum denn nicht?"
„Weil ich ein Mädchen bin."

Das finde ich aber gar nicht nett. Ihre Frau liegt schwerkrank im Bett, und Sie hocken hier in der Kneipe herum!"
„Wieso? Ich trinke doch auf ihre Gesundheit."

Der Zahnarzt zu seinem Patienten: „Und nun reißen Sie mal Ihr Maul genauso weit auf wie vor sieben Jahren auf dem Kasernenhof, Herr Unteroffizier!“

Gisela, warum bist du denn heute so gut gelaunt?“
„Ach, ich habe zum erstenmal selbst gekocht, und mein Mann hat es nicht gemerkt.“

Der ungehaltene Vater: „Warum zankt ihr euch denn immer, du und deine kleine Schwester?"
Kleiner Junge: „Das weiß ich nicht, aber vielleicht schlage ich nach dir und sie nach Mama."

Ich gebe Ihnen fünfzig Pfennig, wenn Sie diesen Teppich klopfen. Sie müssen sich aber beeilen.“
„Keine Angst, meine Dame, für fünfzig Pfennig bin ich in zwei Minuten fertig.“

Eines Abends badet der Vater seine kleine Tochter. Als er sie abtrocknet, sagt er stolz: „So, das haben wir auch ohne Mutti geschafft." „Ja, schon", sagt das Töchterchen, „aber Mami zieht mir vorher immer die Schuhe aus."

Mir hat eine Zigeunerin gesagt, daß ich alt werde!" „Na siehste", knurrt der Ehemann, „die hat es auch schon gemerkt!"

Kann ich bitte den Schlüssel zum Tresorraum bekommen?" fragt die Putzfrau den Bankdirektor. „Es hält nämlich immer so lange auf, wenn ich ihn zum Saubermachen mit der Haarnadel aufmachen muß."

Doktor: „Warum haben Sie mir die Rechnung zurückgeschickt?"
Patient: „Weil mein Magengeschwür schon auskuriert ist."

Ein Tourist steigt hinter dem Bergführer in die Steilwand ein. Entsetzt guckt er auf das dünne Seil und ruft: „O Himmel, wenn jetzt das Seil reißt...!"
Ruft der Bergführer runter: „Dös wär' net so schlimm – i hab' a anders dahoam!"

Es treffen sich drei Krankenschwestern. Sagt die eine:
„ Nächste Woche werde ich in die Chirurgie versetzt."
„Ich komme in die Abteilung für Innere Medizin", sagt die zweite.
„Und du, Claudia?"
„Ich in die Entbindungsstation, aber erst in sieben Monaten."

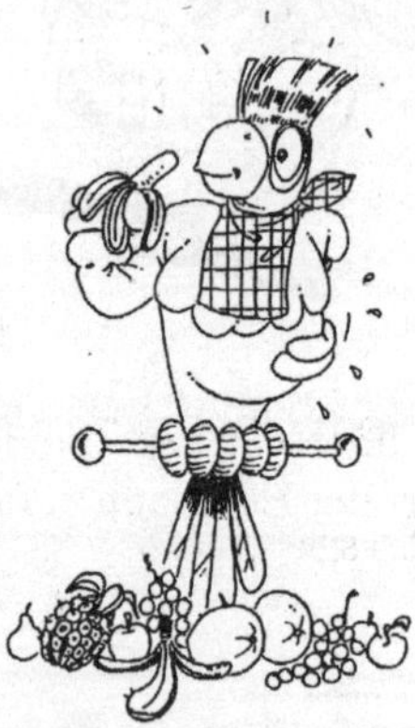

Fährt ein junges Paar mit der Bundesbahn. Der Zug kommt in einen langen Tunnel. Wieder am Tageslicht, flüstert er ihr zu: „Hätte ich gewußt, daß der Tunnel so lang ist, hätt' ich dich vernascht!"
„O Gott", erschrickt sie, „dann warst du das gar nicht?"

Herbert fragt: „Wenn ich Sie jetzt verführe – schreien Sie dann?“ – „Nein“, sagt sie, „ich könnte gar nicht, ich bin noch heiser vom letzten Mal!“

Ein Mann gibt einem Computer die Frage ein: „Was bin ich?“
Nach 15 Sekunden spuckt der Computer die Antwort aus: 0,0000000.

Der Schotte McBreesel macht mit seiner Gattin einen Abendspaziergang. Er deutet auf den Himmel: „Schau mal dort – eine Sternschnuppe! Du darfst dir etwas wünschen, Liebste, aber nicht von mir!“

Ein Amerikaner hat mir für dieses Bild fünfundzwanzigtausend Dollar geboten", sagt der Kunsthändler.
„Möglich, aber ich würde höchstens zweihundert Dollar dafür ausgeben", sagt der Kunde.
„Nehmen Sie es! Unsere Kunstwerke sollen nicht ins Ausland gehen."

Haben Sie dem Mann dort drüben nicht eben die Hand gegeben?"
„Ja, ganz merkwürdig – er nimmt jeden Finger einzeln."
„Das hat mit seinem Beruf zu tun – er ist Melker."

Zwei Äpfel hängen am Baum. Sagt der eine: „So ein langweiliges Leben. Nichts rührt sich."
Antwortet der andere: „Ich kann nicht klagen. Ich hab' einen Wurm."

Zwei Irre laufen die Schienen entlang zum nächsten Bahnhof. Flucht der eine: „Ich könnte vor Wut in die Schienen beißen."
„Warte, da vorn kommt eine Weiche."

Liebster, hast du vergessen, daß wir heute vor 20 Jahren geheiratet haben?"
„Vergessen nicht, aber verziehen!"

Mutta, wat kochste?"
„Wäsche!"
„Schmeckt det?"

Was Sie brauchen, sind Vitamine!" rät der Doktor dem Tenor.
„Was für Vitamine?" krächzt der Tenor.
„C!" sagt der Doktor.
„Oje!" ächzt der Tenor. „Das erreiche ich nicht mal, wenn ich nicht erkältet bin!"

Meier kommt von der Frühjahrskur aus Venedig zurück. „Diese Venezianer haben vielleicht Nerven", erzählt er, „alle Straßen überschwemmt, aber die Leute singen!"

Oma sitzt im Wartezimmer und strickt. Kommt die Sprechstundenhilfe herein und verkündet: „Heute keine Sprechstunde."
Oma, seit Jahren taub, strickt weiter. Das Mädchen wiederholt lauter: „Heute keine Sprechstunde."
Oma strickt weiter. Da schreibt das Mädchen die Mitteilung auf einen Zettel. Oma reicht ihn zurück und sagt: „Würden Sie mir das bitte vorlesen, ich habe meine Brille vergessen."

Ihre neue Kollektion gefällt mir ja recht gut", sagt der Interessent zum Strumpffabrikanten, „aber warum nennen Sie dieses Modell fleischfarben? Es ist ja schwarz."
„Nun ja, wir exportieren davon das meiste nach Afrika."

Fragt der ängstliche Patient, der eine Spritze bekommen soll: „Glauben Sie, daß der Herr Doktor die Vene wirklich trifft?"
„Der hat noch jede Vene getroffen", beruhigt die Schwester, „und wenn es drei Stunden gedauert hat!"

Lebering gibt an: „Mein Wagen ist fabelhaft. Jetzt fahre ich ihn schon über zwei Jahre und habe noch keinen Pfennig für Reparaturen bezahlt."
„Scheint zu stimmen, der Inhaber der Werkstatt hat mir das auch gesagt!"

Also sprach Klara Thustra: „Mein Mann und ich haben uns in unserer Ehe kein einziges Mal gestritten. Ich hoffe, die zweite Woche wird ebenso gut."

In Argentinien herrscht ein sehr warmes Klima", verkündet Kläuschen.
„Ausgeschlossen", sagt sein Vater, „aus diesem Land kommt doch unser ganzes Gefrierfleisch."

Aber Dieter, wie kannst du dem alten Herrn die Zunge herausstrecken?" empört sich die Nachbarin.
„Der hat das gern, das ist unser Doktor!"

Der Student liegt mit Grippe im Bett. Erscheint eine junge Dame und will ihn besuchen.
„Wohnt hier Herr Kleinknecht?" fragt sie die ältere Dame, die ihr öffnet. „Ich bin seine Schwester."
„Das ist aber nett", sagt die Frau, „daß ich Sie auch mal kennenlerne. Ich bin nämlich seine Mutter."

Wenn ich jetzt versuche, dich zu vernaschen, würdest du dann um Hilfe rufen?" flüstert er ihr ins Ohr, während seine Hand nach ihrem Oberschenkel tastet. Flüstert sie zurück: „Ja – aber nur wenn du wirklich welche brauchst!"

Klawittke", fragt der Spieß seinen neuen Soldaten bei der Arbeitseinteilung, „was sind Sie von Beruf?"
„Cellist, Herr Hauptfeldwebel!"
„Gut", strahlt da die Mutter der Kompanie, „dann gehen Sie zum Holzsägen!"

Gibt es hier Ungeziefer?" fragt der mißtrauische Tourist den Empfangschef eines spanischen Luxushotels.
„Nein, mein Herr, aber wenn Sie daran gewöhnt sind, werden wir es Ihnen besorgen."

Warum nennst du deine Frau immer ‚mein Osterei'?"
„Ganz einfach: Sie ist außen bunt angemalt und innen hartgekocht."

Der kleine Peter war unartig, sein Vater hat ihn verhauen. Heulend läuft er zur Mutter und klagt: „Unerhört, daß in diesen schweren Zeiten ein Deutscher den anderen vermöbelt!“

Haben Sie Ihre Krankheit überstanden?“
„Noch nicht ganz.“
„Was fehlt Ihnen denn?“
„Die Rechnung des Arztes.“

Sie sind nicht besser als ich, dachte der Kannibale, als er in der Zeitung las, daß es in Frankfurt wieder einen Menschenauflauf gegeben hatte.

Die kesse Silvia sagt zu einem Polizisten: „Diese beiden Herren verfolgen mich schon seit einer Stunde. Können Sie nicht den dicken, kurzatmigen Kerl verhaften?“

Richter: „Zeuge, sind Sie sich über die Bedeutung des Eides im klaren?"
„Aber sicher, Herr Richter, ich habe doch schon mal einen Eid abgesessen."

Eva zu ihrer Freundin Anni:
„Ach, du hast Georg geheiratet? Sag mal, schnarcht er immer noch so furchtbar?"

Und dann sollten Sie unbedingt irgendeinen Sport betreiben", rät der Arzt dem Patienten.
„Das tue ich ja, Herr Doktor, ich ringe jeden Tag um meine Existenz."

Michael kommt mit dem Zeugnis nach Hause.
„Bleib ruhig sitzen, Vati, ich bin es auch geblieben!"

Kommt ein Mann zum Postschalter, legt einen Zehnmarkschein hin und verlangt eine Fünfpfennigmarke. „Leider habe ich kein Fünfpfennigstück bei mir", entschuldigt er sich höflich. „Macht nichts", sagt der Postbeamte ebenso höflich, „gleich werden Sie einhundertneunundneunzig haben."

Dabermann kommt mit Zahnschmerzen ins Büro. „Haben Sie nachts auch schon mal Zahnschmerzen gehabt?" fragt er seinen Kollegen.
„Ich weiß nicht."
„Na, hören Sie, so etwas weiß man doch."
„Nein", sagt der Kollege, „ich schlafe nicht im selben Zimmer wie meine Zähne."

Gerade als Otto aus dem Freudenhaus tritt, geht auf der Straße der Pfarrer vorbei. „Otto, Otto", sagt er bekümmert, „es ist nicht gut, daß du aus einem solchen Haus kommst."
Brummt Otto: „Schön, gehe ich eben wieder hinein."

Fragt ein Gast in der Bar einen anderen: „Was sagen Sie Ihrer Frau, wenn Sie so spät nach Hause kommen?"
„Ich habe keine Frau!"
„Aber warum kommen Sie dann so spät nach Hause?"

Rösners sind in Italien gewesen. „Einmal", berichten sie, „bestellten wir uns in Venedig ein Poulet à la Ferrari."
„Und wie schmeckte es?"
„Nicht besonders. War ja auch nichts weiter als ein Huhn, das von einem Sportwagen überfahren wurde."

Berliner Putzfrau zum Computer: „Ick höre imma, du kannst allet. Staub dir doch selba ab!"

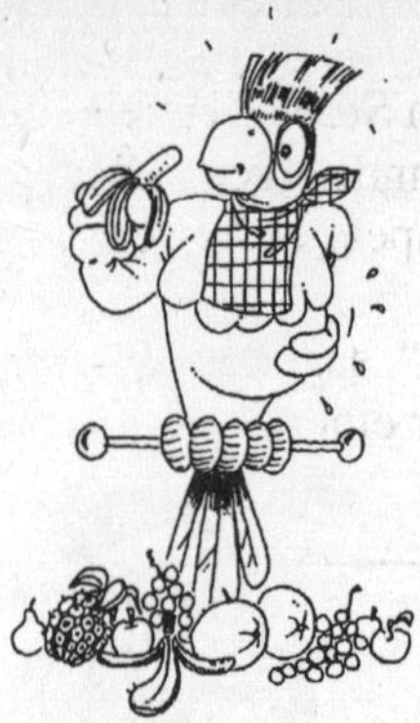

Leicht verstört erkundigt sich eine Frau beim Arzt: „Meine Tochter hat vor einem halben Jahr geheiratet. Gestern ist sie nun mit einem acht Pfund schweren Baby niedergekommen. Kann das eine Frühgeburt sein, Herr Doktor?“– „Ohne weiteres. Die meisten Kinder kommen zu früh auf die Welt, wenn man zu spät heiratet.“

Mein Mann macht mir Sorgen, er hält sich für den Neumond.“

„Das ist doch nicht weiter schlimm.“

„Doch, er ißt jetzt dauernd, weil er glaubt, daß er zunehmen muß.“

Der elegante Herr tritt an den Bahnhofskiosk, mustert die vielen Zigarettensorten, blickt die nette Verkäuferin an und fragt: „Do you speak English?“

„Das Mädchen lächelt. „Yes, a little.“

„Well, Chesterfield.“

Reißt einer im Studentenheim die Tür des Nachbarn auf und schreit: „Wenn du nicht sofort aufhörst, Trompete zu blasen, werde ich wahnsinnig!“
„Bist du schon“, sagt der Bläser freundlich, „ich habe schon vor einer Stunde aufgehört!“

Eine junge Dame kommt erregt keuchend und mit zerrissener Bluse aufs Polizeirevier. „Ich bin eben von einem Idioten vergewaltigt worden, Herr Wachtmeister.“
„Von einem Idioten? Woher wissen Sie, daß das ein Idiot war?“
„Weil ich diesem Idioten erst zeigen mußte, wie es geht.“

Wie sind Sie denn zu dieser entzückenden Frau gekommen?"
„Per Anhalter."
„Per Anhalter?"
„Ja, ich habe nach guter alter Sitte um ihre Hand angehalten."

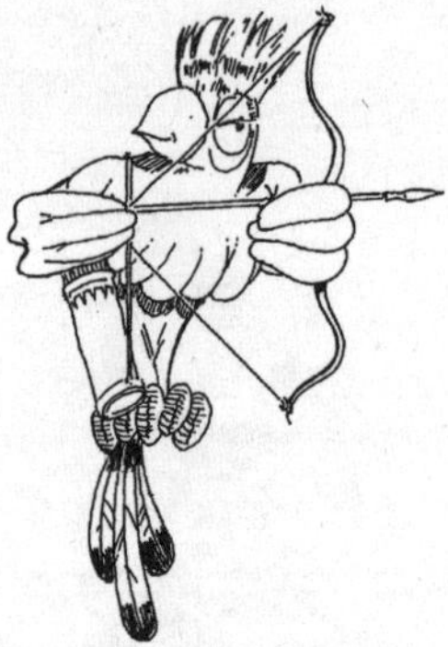

Ich bin am Ende", gesteht Rösner dem künftigen Schwiegersohn. „Mein Geld, meine Aktien, meine Grundstücke, mein Haus – alles ist verloren. Willst du meine Tochter trotzdem heiraten?"
„Ich bin kein Unmensch", sagt der Bräutigam heiser. „Ich will dir nicht auch noch das Letzte nehmen."

Frau beim Friseur: „Bitte schneiden Sie mir die Haare kurz, ich möchte nicht so männlich wirken."

Jubelt Kläuschen: „Papi, wir haben hitzefrei."
„Lüg nicht, es ist schon Herbst."
„Ja, aber die Schule brennt."

Jetzt habe ich dieses Ei 20 Minuten gekocht", stöhnt er, „und das verdammte Ding ist immer noch steinhart!"

Das hat gut geschmeckt, Mausi. Kannst du das nicht häufiger kochen?"
„Tut mir leid, Liebling – Fliegenpilze gibt's nur einmal im Leben."

Seit wann trägst du diese monströsen Ohrgehänge, Klaus?"
„Seit meine Frau die Dinger in meinem Handschuhfach gefunden hat."

Die Einbrecher haben tatsächlich meinen ganzen Schmuck liegenlassen!"
„Donnerwetter, das müssen Fachleute gewesen sein!"

Warum sind Sie Kellner geworden?"
„Mein Arzt riet mir, Gläser zu tragen!"

Sagt ein Herr im Blumengeschäft:
„Ich hätte gerne etwas für meine Frau."
„Nehmen Sie einen Strauß Rosen, ja, ja: Lassen Sie Blumen sprechen!"
„Na, schön, dann geben Sie mir eine!"
„Eine Rose nur? Ist das nicht ein bißchen wenig?"
„Eine genügt. Die anderen kommen doch nicht zu Wort!"

Ein Schotte ist vor zwanzig Jahren nach Amerika ausgewandert. Jetzt besucht er seine alte Heimat wieder.
Am Bahnhof begrüßen ihn seine sieben Brüder.
„Nanu", wundert sich der Auswanderer, „warum habt ihr euch alle Bärte stehen lassen?"
„Blöde Frage", brummt der älteste Bruder, „du hast doch damals den Rasierapparat mitgenommen."

Da war doch noch der Kannibale der starb, nachdem er gebackenes Hirn gegessen hatte: Er hatte sich an einem Gedankensplitter verschluckt."

Er kommt sehr spät nach Hause und sieht seine Angetraute mit der Kuchenrolle hinter der Tür stehen.
„Ja, ja", lallt er, „das ist typisch, ich mache Überstunden, und du denkst nur ans Backen."

Na, Alfred, bist du glücklich mit deiner jungen Braut?"
„Außerordentlich, die kann ich jedem empfehlen!"

Treffen sich zwei Damen in der Oper.
„Gratulieren Sie mir", sagt die eine, „ich bin heute morgen Großmutter geworden!"
„Erstaunlich – und abends schon wieder in die Oper?"

Die kleine Sabine ist mit Ihrem Vater im Museum und guckt sich lange die männlichen Statuen an. Dann fragt sie: „Vati, warum tragen denn die einen von den Nackten da Blätter und die anderen Früchte?"

Und vergeßt nicht, Kinder, daß es heute noch Menschen gibt, die ihre Weihnachtslieder selbst singen müssen!“

Horst war in Oberbayern. Als er im darauffolgenden Jahr wieder in die gleiche Pension kommt, sagt er zum Pensionsinhaber:
„Sie, Herr Huber, als ich im vergangenen Jahr wieder zu Hause ankam, und meinem Koffer auspackte, krochen zwei Wanzen daraus hervor. Was sagen Sie dazu?"
„Na", brummt der Wirt, „die werden a Freid gehab ham, daß sie wieda dahoam war'n!"

**Du kommst aber spat“, sagte der Freund. „Ist Deine Uhr nachgegangen?“
„Nein, mein Vater!“**

Eine Schachtel Weihnachtskerzen, aber schnell! Ich hab's sehr eilig."
„Schreien Sie nicht so", erwidert die Verkäuferin, „ich bin doch nicht taub. Mit oder ohne Schokolade?"

Der Zug fährt durch einen langen Tunnel, und ein hübsches Fräulein sitzt mit einem jungen Mann ganz allein im Abteil. Plötzlich spürt sie, wie sich eine Hand ganz zärtlich auf ihre Schulter legt.
„Sie", sagt sie leicht erregt, „können Sie Ihre Hand nicht woanders hinlegen?"
„Wenn Sie meinen", antwortet der junge Mann, „ich dachte nur– wo wir uns doch erst eine halbe Stunde kennen..."

In der Schule erkundigt sich der Lehrer. „Hans, du hast zwei Tage gefehlt. Warum?"
„Sie wissen doch, daß es gestern bei uns gebrannt hat?"
„Ja, aber den Tag vorher?"
„Da haben wir ausgeräumt."

Im Zirkus wird eine atemberaubende Löwennummer vorgeführt.
Fritzchen will von seinem Vater wissen: „Sind Löwen gefährlich, Papa?“
„Ja.“
„Was passiert, wenn die Löwen ausbrechen?“
„Woher soll ich das wissen!“
„Fressen sie dann jemand aus dem Publikum?“
„Schon möglich.“
„Vielleicht auch dich, Papi?“
„Ja, zum Donnerwetter, sonst noch ’ne Frage?“
„Ja, mit welcher Straßenbahn komme ich dann nach Hause?“

Sagt der Arzt zum Patienten: „Kaffee also nur noch in Maßen!“
„Daraus trinke ich eigentlich immer nur Bier, Herr Doktor!“

Na, Kläuschen, wie geht's?" fragt der Großvater den Enkel.
„Danke soweit ganz gut. Nur mit deinem Sohn habe ich manchmal Ärger."

Warum hast du denn die Verlobung mit Direktor Huber gelöst?"
„Erstens ist seine Yacht gar nicht so groß, wie er sie mir geschildert hatte, und zweitens sollte ich die ganze Zeit rudern!"

Es sagte der Besitzer einer Autoreparaturwerkstatt zu seiner besten Kundin: „Letzte Woche hatten Sie ja keinen Unfall – waren Sie krank?"

Wollen Sie mit mir nach Hause kommen? Dann können wir noch gemütlich ein Glas Wein trinken", sagt der verliebte junge Mann zu seiner Tanzpartnerin. Doch sie wehrt ab: „Nein, daraus wird nichts. Denn so was fängt immer mit Wein an und endet nach neun Monaten meistens mit Milch!"

Der Ehemann kommt vom Kegelabend nach Hause. „Immer mußt du mir widersprechen", knurrt er seine Frau im Schlafzimmer an: „Wenn ich guten Abend sage, dann mußt du natürlich guten Morgen sagen."

Erkundigt sich der Schulrat: „Hatten Sie mit Ihrem Sexualunterricht Erfolg?"
„O ja", antwortet der Direktor, „wir mußten den Sexualunterricht bereits auf Säuglingspflege erweitern."

Eine Frau kommt zum Arzt: „Ich fühle mich nicht ganz wohl, Herr Doktor!"
„Da werde ich Sie gründlich untersuchen müssen, ziehen Sie sich bitte aus!"
„Das habe ich gern", entrüstet sich die Dame, „Ich fühle mich nicht wohl, und Sie denken ans Vergnügen!"

Frau Bauer klagt ihrer Nachbarin:
„Stellen Sie sich vor, mein Mann ist Spiritist geworden!"
„Ja, ja", antwortet die Nachbarin, „mein Mann kann das Trinken auch nicht mehr lassen."

Schon vor dreitausend Jahren kannte man Segelschiffe", beginnt der Sportlehrer den Unterricht.
„So ein Unfug", flüstert Fink seiner Frau zu, „wir haben doch erst 1995."

Dem jungen Paar wird fünf Monate nach der Hochzeit ein Knäblein geboren. Der Ehemann, in der Annahme, eine Jungfrau geheiratet zu haben, ist furchtbar verstimmt: „Du", sagt er, „ich glaube, der Robert ist nicht vor mir."
„Wie kommst du drauf? Der Robert ist doch ein Siebenmonatskind!"
„Aber wir sind doch gerade erst fünf Monate verheiratet!"
„Du, Dummer", erwidert seine Frau, „weißt du nicht, daß Siebenmonatskinder immer zwei Monate früher zur Welt kommen?"

Ein Vogelzüchter stolz: „Ich habe 'nen Storch mit einem Specht gekreuzt und sozusagen einen Sporch gezüchtet."
„Und was kann der Sporch besser als der Storch?"
„Der Sporch klopft zuerst an, wenn er die Babys bringt."

Jagdherr: „Haben Sie alle Vorbereitungen für die Jagd getroffen?“
Förster: „Ja. Alle Treiber und Jäger sind in der Unfallversicherung!“

Die Haremswächter singen ein Ständchen für ihren Scheich. Der blickt mißtrauisch in die Runde: „Wer hat eben diesen tiefen Ton gesungen?“

Manche Leute sind so anspruchslos, daß sie sogar über einen Slivowitz lachen können!

Partygeplauder: „Mein Mann ist Schriftsteller. Er veröffentlicht jedes Jahr einen Liebesroman.“
„Und mein Mann verschweigt mir jeden Monat einen.“

Ein Jungegeselle will per Computer die ideale Partnerin finden: „Suche Gesellin, attraktiv, an Gruppenaktivitäten interessiert und Wassersportliebhaberin."
Der Computer antwortet:
„Heiraten Sie einen Pinguin!"

Ein betrunkener Mann steht in der Straßenbahn und beschimpft die Fahrgäste zu seiner Linken:
„Lauter Idioten, lauter Idioten!" Die Leute zu seiner Rechten brüllt er an:
„Lauter Ehebrecher, lauter Ehebrecher!"
Plötzlich springt ein Mann von seinem Platz und schreit ihn an:
„Was fällt Ihnen ein, ich bin seit 20 Jahren verheiratet und habe meine Frau noch nie betrogen!"
Darauf fuchtelt der Betrunkene mit seinen Armen und erwidert lallend:
„Dann setz dich rüber zu den Idioten!"

Du bist ungezogen", beschimpft ein Straßenpassant den Jungen, „wer ist dein Vater?"
„Weiß ich auch nicht", erwidert der Kleine, „aber Mutter hat einen bestimmten Verdacht."

Die beiden Söhne kommen nach Hause. Sagt der eine: „Sei leise, wir haben Besuch." – „Wie kommst du darauf?" – „Weil Mutti über Vatis Witze lacht."

Ein Antiquitätenhändler auf einer Party: „Im Augenblick bin ich auf der Suche nach einer alten Schatulle."
Da strahlt die Witwe Müllermann und sagt schüchtern: „Wirklich?"

Deine Frau soll so fabelhaft kochen können."
„Daß ich nicht lache. Oder glaubst du, ich esse zum Spaß jeden Tag in der Kantine?"

Wo ist denn das Bild mit den sechs nackten Frauen geblieben?" fragt ein Besucher den Aufseher in der Gemäldegalerie.
„Im dritten Stock, Zimmer 37! Wissen Sie, wir müssen es nämlich dauernd umhängen, damit sich die Teppiche gleichmäßig abnutzen!"

Die frischgebackene und noch etwas dumme Ehefrau wacht am Morgen nach der Hochzeitsnacht auf und erblickt die Kleinigkeit ihres Mannes.
„Alfred", haucht sie erschrocken, „sag bloß, wir haben schon alles aufgebraucht?"

Sagt Brigitte zu ihrer besten Freundin: „Toll, immer wenn ich niese, krieg' ich einen Orgasmus!"
„Das ist ja wirklich toll", staunt die Freundin, „und was unternimmst du?"
„Pfeffer in die Nase – immer wieder Pfeffer in die Nase!"

Hubert fragt seinen Freund: „Sag ehrlich, hast du schon mal mit meiner Frau geschlafen?“ „Was soll denn das?“ ereifert sich der Freund. „Das würde ich doch nie im Leben tun!“ „Solltest du aber, mein Lieber, sie ist sehr viel besser als deine!“

Erst auf hoher See merkten wir, daß wir einen blinden Passagier an Bord hatten..."
„Ja, aber habt ihr den Mann nicht an der Armbinde erkannt, als er an Bord ging?"

Auf einer der Jungfern-Inseln landet ein Rettungsfloß.
„Und was jetzt?“ fragt das junge Mädchen.
„Ist doch klar“, sagt der Mann, „als erstes ändern wir den Namen dieser blöden Insel!“

Eine Ehefrau spricht sich bei ihrer besten Freundin aus. „Ich muß alles tun, um eine Schwangerschaft zu vermeiden!"
„Wieso ? Dein Mann hat sich doch erst kürzlich sterilisieren lassen."
„Darum!"

Mitten in der Nacht schreit die Ehefrau im Schlafzimmer wie am Spieß. Der Ehemann wetzt aus dem Arbeitszimmer herbei und sieht gerade noch, wie ein Mann durchs Fenster verschwinder. „Er - er hat mich mißbraucht!" schluchzt sie.
„Warum hast du nicht früher gebrüllt?" will der Ehemann wissen.
„Ich dachte, du seiest das, als er aber dann zum zweiten Mal..."

Im Urlaub:
„Komisch, auf diesem Bahnhof sieht man nur männliche Bedienstete."
„Das ist ja auch ein Sackbahnhof."

Die blonde Rita klagt ihrem Arzt: „Ich habe ein fürchterliches Problem: Ich liebe einen wunderbaren Mann, er liebt mich genauso, unsere Eltern sind mit der Heirat gleichfalls einverstanden..."
„Tja, und wo haben wir denn das Problem?"
„Ich weiß nicht, wie ich es meinem Mann beibringen soll."

Ehestreit. „Dir geht es zu gut", wirft er ihr vor. „Als ich dich kennenlernt, hattest du kaum ein Hemd auf dem Leib."
„Richtig! Und deine erste Tat war es, mir das auszuziehen!"

Sie wollen Frau Beinchen verklagen? Weswegen denn?"
„Sie hat gesagt, ich bin eine blöde Gans, und ich habe Zeugen dafür, die das beweisen können."

Na, wie war´s denn gestern auf eurem Betriebsausflug?"
„Schrecklich! Ich habe mich mit einer unserer Damen verlobt."
„Ist das denn so schrecklich?"
„An und für sich nicht. Aber ich weiß nicht mehr mit welcher."

Jeden Tag Gulasch!" brummt der junge Ehemann verstimmt. „Kannst du nicht mal was anderes kochen?"
„Ich habe es schon versucht, aber es wird immer wieder Gulasch."

Ist während meiner Abwesenheit jemand dagewesen, Klara?"
„Ja, Frau Wolf. Ein Herr von der Post war hier und hat Briefmarken auf die Möbel geklebt."

Woran ist Eberhard denn gestorben?"
„An seiner vorbildlichen staatsbürgerlichen Gesinnung."
„Wieso das denn?"
„Er fiel auf einem Ausflug in einen Teich und ertrank."
„Das verstehe ich nicht. Er war doch ein ausgezeichneter Schwimmer!"
„Das schon, aber er schwamm nicht. Denn am Ufer stand ein Schild: Schwimmen verboten!"

Der Bauer hat für seinen Hühnerhof einen jungen Hahn gekauft. Kommt der alte Hahn und bittet den jungen: „Laß mir bitte meine Lieblingshenne."
Der junge Hahn will aber auf keine verzichten. Da bittet der alte Hahn: „Laufen wir um die Wette, dem Gewinner gehört der ganze Hühnerhof. Damit ich Chancen habe, gib mir zehn Schritte Vorsprung."
Großzügig gewährt der junge Hahn die Bitte. Der alte Hahn läuft los. Der junge hinterher.
Plötzlich kracht ein Schuß, und der junge Hahn stürzt zu Boden. Der Bauer legt das Schrotgewehr weg und wundert sich: „Komisch. Das ist nun schon der vierte schwule Hahn."

Stuttgarter Hauptbahnhof. Jungverheiratetes Paar, tränenreicher Abschied am Bahnsteig. Sie seufzend: „Scheide tut weh!“ Er, seufzend: „S'Schwänzli aa!“

Tünnes und Schäl haben das Glück, einen Harem besichtigen zu dürfen. Eine der sehr reizvollen Damen lächelt Tünnes von ihrem Lager an und meint: „Komm zu mir, Tünnes, und fächele mich!“ Darauf der Tünnes zum Schäl: „Wie komisch die das ausspricht!“

In der Frauenklinik erwischt der Chef seinen Assistenten mit einer Schwester. Die Situation ist eindeutig. Sagt der Chef: „Sie sind hier in einer Entbindungsanstalt, mein Lieber, aber nicht im Zeughaus!“

Aus einem deutschen Touristenbus steigt in Paris auch ein Berliner. Er gleich ran an ein Mädchen. Er fragt, wie es denn wäre mit ein bißchen und so. Das Mädchen: „Ah, Allemand!“ Der Berliner: „Nee, nee, nicht alle Mann, bloß icke!“

Ein Abteilungsleister ist gestorben. Schon am nächsten Tag fragt ein junger Angestellter den Direktor: „Hätten Sie etwas dagegen, wenn ich den Platz des Verstorbenen einnehmen würde?"
„Ich nicht", antwortet der Direktor, „aber vielleicht fragen Sie mal das Beerdigungsinstitut."

Ein Bankier zum anderen: „Mein Vater pflegte immer zu sagen, es gibt viele Wege, zu Geld zu kommen, aber nur ein einziger ist ehrlich.“
„Und der wäre?“
„Aha, Sie kennen ihn also auch nicht.“

Da waren da noch die beiden alten Römer, die auf dem Forum Romanum ein Schwätzchen hielten, bis der eine seine Toga raffte und fragte:
„Wie spät ist es?"
„XVII Uhr XXIV."

Woher willst du so genau wissen, daß dein Mann nur Blodinen wie dich mag?"
„Weil sich vorige Woche sogar seine Geliebte blond färben ließ."

Das ist jetzt schon das zweitemal, daß mir mein Auto gestohlen wird, während ich beim Firseur sitze. Was soll ich tun?"
„Lassen Sie Ihre Haare doch mal wachsen."

Der Ehemann ist wütend, daß seine Frau so viel Geld für den Friseur ausgibt.
„Denkst du denn an nichts anderes, als nur daran, deinen Kopf zu dekorieren?“
„Wäre es dir lieber“, flötet sie süß, „wenn ich deinen dekorieren würde?“

Der Pressechef hatte die Kritiker der Stadt zur Vorbesichtigung eines Films eingeladen. Nach der Vorführung betretenes Schweigen. Windet sich der Pressechef: „Meine Herrschaften, der Film wird bestimmt noch einmal bearbeitet und geschnitten…“
Stimme aus dem Kritikerkreis: „Verbrennen kann man ihn nicht?“

Heidenreichs machen eine Griechenlandreise. In einem Museum stehen sie vor einem Männertorso. Unter der Skulptur steht: „Der Sieger!“ „Na, da möchte ich mal den Verlierer sehen“, sagt Frau Heidenreich...

Er: „Sei ehrlich – gibt es einen anderen?“ Sie: „Ich schwöre dir, seit ich dich geheiratet habe, gibt es keinen Mann mehr in meinem Leben.“

Jedes Jahr wiederholt mein Mann mit mir unsere Hochzeitsreise nach Monte Carlo.“ – „Könnt ihr euch das finanziell denn leisten?“ – „Spielend. Schmalfilme ansehen kostet doch nichts.“

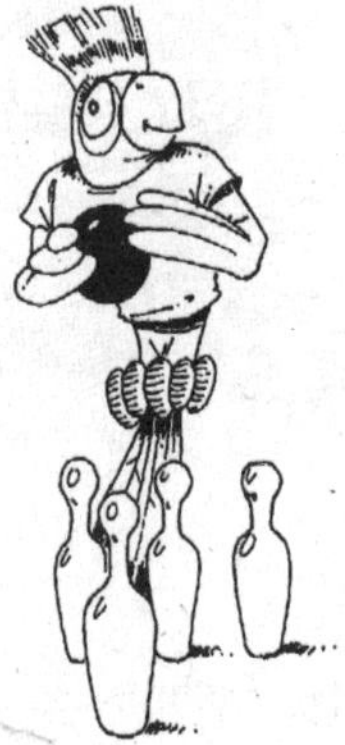

Stell dir vor, Jutta: Gestern wollte mich ein Mann unbedingt oben ohne fotografieren. Da bin ich gelaufen.“ „Na, hast du ihn eingeholt?“

Mein Herr, Sie haben unseren Zimmer-Kellner erschlagen...!“ „Ja, setzen Sie ihn auf die Rechnung!“

Ein Kunde läßt sich auf der Bank 1000 Mark auszahlen. „Zählen Sie bitte nach!" rät der Kassierer. Der Kunde zählt und zählt. Bei 720 Mark wird's ihm zu bunt. Er steckt das Geld ein. „Warum zählen Sie nicht weiter?"
„Ach, wenn es bis 720 Mark gestimmt hat, wird der Rest auch stimmen!"

Sagt eine Dame in der Eisenbahn mißbilligend zum gegenübersitzenden Herrn: „Nehmen Sie doch bitte sofort Ihren Hund von mir weg – ich spüre einen Floh an meinem Bein!"
Der Herr besorgt zu seinem Hund: „Komm sofort zu mir zurück, Titus, die Dame hat Flöhe!"

Da war doch noch...
der volltrunkene Biologe. Der kam auf allen Viren angekrochen..."

Lächelt die neue Sekretärin: „Eine Frage noch zum Diktat: Soll ich hinter das Wort Semikolon ein Komma setzen?"

Ein Holsteiner Hahn geht als Entwicklungshelfer nach Afrika. Nachdem er alle Hennen beglückt hat widmet er sich den Pelikanen, Marabus und Störchen. Mittags liegt er wie tot auf dem Hof. Als sich eine Henne über ihn beugt, zischt er: „Hau ab, du vermasselst mir noch die Tour mit den Geiern!."

Da war noch der verliebte junge Mann, der seiner Fraundin so großherzige Geschenke machte, daß er sie schließlich ihres Geldes wegen heiraten mußte..."

Eine aufregende Dame am FKK-Strand: „Hat jemand meinen Egon gesehen – so einen kleinen, aufrechten?“ „Klein ja –“, grübeln die FKKler, „aber aufrecht?“

Wo kommt der elektrische Strom her?"
„Aus dem Tierpark, Herr Lehrer!"
„Wieso denn aus dem Tierpark?"
„Nun, immer wenn bei uns das Licht ausgeht, sagt mein Vater:
„Jetzt haben die Affen schon wieder den Strom abgedreht!"

Ich kann die feinen Teppichmuster nicht mehr sehen, die meine Frau ständig für teures Geld ins Haus schleppt!“ klagt Herr Müller. „Ja, ja, so fing's bei uns auch an!“ nicken die Stammtischbrüder. „Du brauchst eine Brille!“

Haben Sie keine Angst, daß die Atombombe, die Ihr Untermieter da bastelt, explodieren könnte?"
„Nein, wieso? Ich bin doch hoch versichert."

Die 17jährige Susi stellt fest, daß zwischen ihrem neuen Pelzmantel und der Beatmusik eine Gemeinsamkeit besteht: Bei beiden ist es schwierig, sie den Eltern zu erklären..."

Herr Ober, würden Sie bitte die Tür zumachen?"
„Gern, der Herr, zieht es Ihnen?"
„Das nicht, aber mein Schnitzel ist schon dreimal aufs Parkett geweht."

Mein Name ist kurz."
„Meiner auch: Ich heiße Lang."

„Mama, krieg' ich ein Eis?"
„Nichts gibt's!"
„Dann geh' ich zu Uwe, der hat die Masern!"

„Das Gericht hat sich überzeugen lassen, daß Sie das Gemälde nicht gestohlen haben können. Es spricht Sie deshalb frei."
„Prima! Heißt das auch, Herr Richter, ich darf das Bild jetzt behalten?"

„Was hast du denn für eine unmögliche Hose an, Friedrich-August?"
„Unmögliche Hose? Es kommt doch gar nicht darauf an, ob die Hose schön ist oder nicht. Sondern einzig und allein darauf, ob ein gutes und treues Herz in ihr schlägt!"

„Na, wie war's im Konzert?" fragt Frau Riemann, als ihr Mann nach Hause kommt. „Wunderbar! Leider hatte ich mich etwas verspätet. Als ich hinkam, spielten sie bereits die neunte Symphonie von Beethoven."

Mit dem vierten Whisky hat sich der junge Mann genug Mut angetrunken, um die wohlgerundete Dame auf dem Barhocker neben sich anzureden: „Würden Sie mit einem wildfremden Mann ins Bett gehen?"
Die Blonde nippt an ihrem Cocktail. „Niemals, alter Freund!"

Ein Mann bestieg die Straßenbahn mit zehn Kindern. „Ach du meine Güte", rief der Fahrer. „Gehören die alle Ihnen?"
„Nein", sagte der Mann ärgerlich. „Ich verkauf nur Pariser und dies sind meine ersten Reklamationen!"

Ein Pfleger rollt ein Bett mit einem neuen Patienten auf die chirurgische Station des Krankenhauses. Der Patient hat offensichtlich starke Schmerzen und ist nicht ansprechbar.
„Hat er einen Pyjama?" fragt die Lernschwester den Pfleger.
„Nein, bei der Aufnahme unten haben sie gemeint, es wäre der Blinddarm."

Christophe Mauri

La famille ROYALE

OBJECTIF MÉDAILLE D'OR

Illustré par Aurore Damant

GALLIMARD JEUNESSE

Cache-cache en hélico

Au château du centre-ville, papa et maman ont horreur de porter la couronne. Du coup, ils sont roi et reine à mi-temps. Le grand échange de couronne a lieu le lundi matin. Au château, on raffole de cette petite cérémonie : on dirait une partie de cache-cache géante entre papa et maman.

– Qui va porter la couronne, déjà, cette semaine ? m'a demandé Louis-Junior au petit déjeuner.

– C'est au tour de papa, j'ai répondu en bâillant.

– Oh, chouette ! Il va y avoir des catastrophes.

La double porte du salon a claqué et papa a déboulé en trombe, une paire de jumelles passée autour du cou. Il portait un short de bain et des sandales de plage, en plein hiver !

– Bonjour, les enfants ! il a crié en fonçant jusqu'au balcon royal. Je suis extrêmement pressé.

Quand papa est extrêmement pressé, c'est que maman est à ses trousses pour lui enfoncer la couronne sur la tête.

– Tu vas te cacher sur le balcon, papa ? l'a interrogé Louis-Junior.

– Sur le balcon ? il s'est offusqué. J'attends l'hélicoptère royal qui va venir me chercher d'une seconde à l'autre et me déposer sur une île déserte. Votre mère pourra toujours me chercher sous la table du salon !

Louis-Junior et moi avons applaudi à cette annonce, avant de bondir jusqu'aux fenêtres pour guetter l'apparition de l'hélicoptère.

– Le voilà ! je me suis écriée en montrant un petit point doré à l'horizon.

Papa a souri en passant le bras autour de nos épaules.

– Vous savez ce qu'il y a au programme cette semaine, les enfants ?

– Les Jeux olympiques royaux d'hiver ! on a répondu en chœur avec Louis-Junior.

– Exactement ! Les Jeux olympiques royaux d'hiver ! a grimacé papa. L'événement le plus ennuyeux de l'année pour un roi : des discours à dormir debout, des repas interminables et, bien sûr, des heures à se geler la couronne pour encourager des imbéciles ! Eh bien, c'est votre mère qui se chargera de cette corvée. Moi, je bronzerai sur mon île déserte !

Et papa a braqué ses jumelles sur l'hélicoptère. C'est alors qu'il a viré au rouge.

– Mille tonnerres de sceptre ! il s'est étranglé. Votre mère est aux commandes de l'appareil !

– Vite, papa ! Cache-toi ! on l'a encouragé.

Ç'a été la débandade. Papa a plongé sous la table, tandis que l'hélicoptère soufflait une énorme tempête à travers le salon. Une bourrasque a balayé la nappe et les rideaux.

– Je suis perdu ! a crié papa.

Il a voulu se cacher sous sa cape, mais il était trop tard. Maman a franchi la porte

du balcon, ses lunettes d'aviateur sur le nez et la couronne sur le front.

– Oh, mon chéri ! elle a soupiré en soulevant la cape rouge de papa. Tu m'as habituée à de meilleures cachettes !

Voilà comment papa s'est retrouvé, en short de bain, la couronne plantée sur la tête.

– Enfilez vos moufles et vos bonnets ! a claironné maman. Nous partons aux Jeux olympiques royaux d'hiver !

Papa oublie sa promesse

C'est le royaume d'à côté qui a raflé toutes les médailles, lors des derniers Jeux olympiques. Du coup, quand nous avons survolé le château en hélicoptère, la foule avait envahi la place du centre-ville pour nous encourager. Au poste de pilotage, maman a mis le cap sur le royaume organisateur.

– On va gagner combien de médailles, à votre avis ? a demandé Louis-Junior, emmitouflé dans son anorak.

– Zéro ! a grogné papa dans son émetteur radio. Comme d'habitude, nos sportifs vont nous ridiculiser devant le monde entier… et je vais passer mon temps à applaudir le royaume d'à côté !

À ces mots, un profond silence s'est fait dans la cabine de l'hélico.

– Papa, j'ai murmuré sans oser y croire, tu n'as pas oublié ta promesse ?

Il nous a dévisagés, l'air étonné.

– Ma promesse ? C'est que j'en fais tellement ! Qu'est-ce que j'ai encore promis ?

Les sourcils dorés de maman ont viré au noir. Elle a sifflé, d'une traite, en montant à travers les nuages :

– Après la victoire du royaume d'à côté aux Jeux d'été, tu as décidé de changer les règles olympiques ! Et tu as promis qu'à partir des prochains Jeux d'hiver, les familles royales participeraient elles-mêmes aux épreuves. C'est nous qui allons disputer ces jeux. Tu n'as pas pu oublier une chose pareille ?

Mais papa l'avait oubliée. Il était si surpris qu'il a bondi sur son fauteuil et s'est cogné le crâne au plafond, où la couronne royale est restée plantée.

– J'ai promis quoi ? il a bredouillé. De participer moi-même aux épreuves ? Mais je n'ai jamais chaussé une paire de skis !

– Oh, non ! a chouiné Louis-Junior. On va encore finir dernier.

Et il a réclamé Bozzo, son éléphant en peluche grandeur nature, qui se balançait sous l'hélicoptère, retenu par un câble.

– Tu auras Bozzo dès que nous serons arrivés, mon chéri, a soupiré maman en nous montrant le château olympique, au sommet d'une montagne blanche. Parés pour l'atterrissage ?

Soudain, la couronne est tombée du plafond sur la tête de papa.

– Je sens que ça va être une excellente semaine ! il a râlé.

La couronne pour tous

Ce soir-là, dans notre petit chalet, papa n'a pas été le seul à recevoir une couronne sur la tête. Louis-Junior et moi avons flairé le danger quand maman a sorti trois petits paquets de nos bagages. C'étaient les couronnes de toute la famille, pour la cérémonie d'ouverture des Jeux !

– Oh, non ! a hurlé Louis-Junior. Pas la couronne ! Ça va encore me recoiffer les épis !

– Pas la couronne, maman ! j'ai renchéri.

– Une fois par an, vous pouvez tout de même faire un effort ! a dit papa.

Mais avec Louis-Junior, on n'avait aucune envie de faire un effort. Alors on a fondu sur la porte du chalet. Mais, bien sûr, elle était verrouillée à double tour. Papa et maman nous ont regardés avec attendrissement.

– Qu'ils sont mignons ! a dit papa.

– De vrais amateurs ! a approuvé maman.

Mais nous n'avions pas dit notre dernier mot.

– Bozzo ! je me suis écriée.

L'éléphant en peluche montait la garde devant le chalet : sa grosse tête grise atteignait la fenêtre la plus proche. Ni une ni deux, nous l'avons ouverte avant de glisser sur la trompe de Bozzo, pour nous enfuir entre les sapins.

– Tonnerre de sceptre ! a rugi papa. Les enfants s'échappent !

– Ils n'iront pas loin, a prédit maman en chaussant ses skis.

Et, une minute plus tard, elle nous ramenait au chalet sous les applaudissements de papa.

– J'ai l'air d'une vraie princesse, avec ma couronne ! j'ai râlé en me regardant dans la glace.

– Et moi, je ressemble à Hubert-Grand-Papa, a chouiné Louis-Junior.

– Allez ! a dit maman en sortant son téléphone pour nous prendre en photo. Faites un beau sourire pour votre grand-mère ! Pour une fois que vous portez la couronne, ça lui fera plaisir !

Papa a cessé d'applaudir quand nous avons pris la route du château olympique.

– C'est parti pour la soirée la plus ennuyeuse de l'année, les enfants: la cérémonie d'ouverture des Jeux royaux d'hiver!

Mais la cérémonie n'a pas été si ennuyeuse. Il faut dire qu'on a fait forte impression pendant le défilé des familles royales, surtout papa, avec son short de bain et ses manches courtes.

La famille du royaume d'à côté paradait juste devant nous, la tête ornée de diadèmes de glace. Comme dit papa, le roi George et la reine Georgina aiment tellement leur couronne qu'ils dorment avec.

– Toujours un coup d'avance, pas vrai? a dit le roi George en lorgnant le short de papa. Vous êtes prêt pour les Jeux royaux d'été!

– Pas besoin de tenue d'hiver, mon

vieux George ! a répondu papa en faisant claquer sa cape rouge. De toute ma vie de skieur, je ne suis jamais tombé !

Tout le monde a été épaté ; même les épouvantables princesses Georgette 1 et Georgette 2 ont posé un regard admiratif sur les manches courtes de papa.

– Très bien, a grogné le roi George. Espérons que votre première chute n'aura pas lieu demain, devant le monde entier, pendant l'épreuve olympique… de saut à skis !

– Le saut à skis ? a chuchoté papa avec inquiétude. Qu'est-ce que c'est que ça, les enfants ?

– Trois fois rien, a dit maman avec assurance. Une petite bosse, pas plus haute qu'une peluche, qu'il faut sauter à skis. Celui qui retombe le plus loin remporte la médaille d'or.

– Si ce n'est pas plus haut qu'une peluche, ça devrait aller, a dit papa d'un air confiant, en s'appuyant contre Bozzo.

Papa champion de ski

Le lendemain matin, papa n'a même pas râlé en enfilant la couronne royale.

– Les enfants, il a dit, la première épreuve olympique a lieu cet après-midi. D'ici là, je compte sur vous pour faire de moi un vrai champion !

Avec Louis-Junior, on a fait la course pour chausser nos skis. Papa avait l'air drôlement fier de nous suivre entre les sapins.

Nous lui avons trouvé une petite bosse, tout en bas d'une pente minuscule, pour qu'il puisse s'entraîner.

– Tu crois que ça ressemble à ça, un

tremplin olympique? j'ai demandé à Louis-Junior.

Il a haussé les épaules avant de foncer droit sur l'obstacle.

– Regarde-moi bien, papa! il a lancé.

En haut de la piste, les genoux tremblants, papa s'est épongé le front.

– Tu vas y arriver! j'ai dit pour l'encourager. Tu n'as qu'à imaginer que grand-mère est à tes trousses.

En entendant ça, papa s'est tout de suite rebiffé.

– Ma petite fleur de lys, il a dit en bombant le torse, je ne suis jamais tombé à skis... et ce n'est pas aujourd'hui que ça va commencer!

Alors il a filé tout droit vers la bosse. J'ai passé mes moufles devant mes yeux... mais il a atterri victorieusement, trente centimètres derrière l'obstacle.

– Oh! chouette! s'est émerveillé Louis-Junior. Tu vas gagner la médaille d'or!

Papa a semblé d'excellente humeur.

– C'est facile comme tout, le ski ! il a dit. Un vrai jeu d'enfant !

Et il n'a plus cessé de remonter et de descendre la petite pente. Nous sautions la bosse chacun notre tour. Papa, fier comme un sceptre, a même fini par nous donner des conseils, parce qu'il sautait plus loin que nous.

Quand l'heure de la grande épreuve est arrivée, plus personne ne tenait en place au chalet.

Papa se préparait dans la salle de bains depuis presque une heure. Quand il en est sorti, nous avons tous écarquillé les yeux.

– Tu ne comptes pas mettre cette tenue de plage pour la compétition ? s'est offusquée maman.

– Bien sûr que si ! a répondu papa. Pourquoi mourir de chaud dans une affreuse

combinaison, alors que je ne suis jamais tombé à skis de toute ma vie ?

Et nous avons rejoint le château olympique, perché au sommet de la plus haute montagne.

– J'ai hâte de voir la tête du roi George quand on me passera la médaille autour du cou ! a dit papa en saluant la foule de la main.

L'épreuve du sot à skis

Mais c'est papa qui a fait une drôle de tête, quand il a vu la famille royale d'à côté. L'air victorieux, le roi George paradait lui aussi dans une tenue de plage.

– Il t'a copié ! on s'est écrié avec Louis-Junior.

– Ne vous inquiétez pas, a dit papa avec assurance. Le roi George peut imiter mon style, il y a une chose qu'il ne pourra pas copier : ma médaille d'or olympique !

Alors on a acclamé papa aussi fort que possible, pendant que les princesses Georgette 1 et 2 encourageaient leur père. Dans la foule, tout au long de la montagne, les flashs crépitaient sur les shorts de bain. Même maman a sorti son téléphone pour filmer la descente de papa.

– C'est un moment historique, les enfants ! elle a chuchoté en nous entraînant derrière les filets de sécurité.

Les trompettes olympiques ont enfin retenti, annonçant le début de l'épreuve. Au sommet de la montagne, papa a écarté les autres rois avec orgueil.

– Montrez-moi cette bosselette de rien du tout, et qu'on en finisse ! il a dit.

Au milieu des sapins, la foule entière murmurait d'admiration. Papa était si sûr de lui qu'il s'est élancé sur la piste sans même jeter un coup d'œil à la bosse.

C'est au milieu de la descente qu'il l'a aperçue.

– TONNERRE DE SCEPTRE ! il a hurlé. Qu'est-ce que c'est que ÇA ?

ÇA, c'était la bosse olympique. La piste ressemblait à une autoroute de glace

verticale. Et tout au bout, un toboggan neigeux se jetait dans le vide.

– Je ne sais pas m'arrêter ! a braillé papa en passant devant nous. Un parachute ! Donnez-moi un parachute, les enfants !

La bosse n'était plus qu'à quelques mètres, quand Louis-Junior s'est exclamé gaiement :

– Vas-y, papa, montre au roi George qui est le plus fort !

Alors j'ai crié à mon tour :

– Tu peux y arriver, papa !

Même maman s'y est mise :

– Tu vas nous rapporter la médaille d'or, mon chéri !

Alors papa s'est métamorphosé. Un fin sourire s'est dessiné sur ses lèvres bleues. Son regard s'est concentré sur la bosse : il a fléchi les genoux et écarté les bras, sa cape flottant derrière lui comme une traînée rouge.

– Je ne suis jamais tombé, il a dit courageusement, et ce n'est pas aujourd'hui que ça va commencer, croyez-moi !

Mais ça a commencé aujourd'hui.

Papa s'est envolé, s'est retourné en plein vol, puis s'est écrasé au milieu des sapins comme un hélicoptère hors de contrôle. Une petite avalanche s'est chargée de le raccompagner en bas de la piste. Au sommet, le roi George s'est frotté les mains.

– À mon tour ! il a dit en s'élançant comme une flèche.

Et en effet, ç'a été son tour : le cordon de son short s'est pris dans une boucle de sa

chaussure de ski. Avant même d'atteindre la bosse, le roi George a perdu son maillot de bain et s'est aplati contre la neige.

Malgré la défaite, papa était d'excellente humeur quand nous sommes rentrés au chalet. Bien sûr, il était arrivé avant-dernier de l'épreuve, mais c'était tout de même une place de mieux que le roi George.

– C'est la plus belle chute de ma vie ! il s'est félicité, les pieds devant la cheminée, en regardant la vidéo sur le téléphone de maman.

Soudain, le visage de grand-mère est apparu sur le petit écran.

– Elle veut sûrement prendre de mes nouvelles ! a dit papa en décrochant.

Mais grand-mère voulait surtout lui en donner :

– Alors là, bravo ! elle a dit d'un ton mielleux. J'ai suivi l'épreuve sur l'écran géant

installé au centre-ville. Grâce à toi, le royaume tient enfin sa première médaille : la médaille d'or du sot à skis ! Sot, S-O-T, bien sûr ! elle a conclu en raccrochant.

À l'autre bout du chalet, maman et moi avons échangé un regard déterminé, tout en vérifiant le matériel de ski.

– Demain, a dit maman, je ne viserai qu'une seule chose…

– … L'or olympique ! j'ai conclu avec gravité.

Maman dans le brouillard

Le jour de l'épreuve de maman est enfin arrivé. Jamais le royaume n'avait eu autant d'espoir d'obtenir sa première médaille. Il faut dire que maman ne rigole pas avec la quatrième marche du podium.

Louis-Junior et moi prenions notre petit déjeuner devant la cheminée, quand papa a déboulé en robe de chambre.

– Pas le temps de vous embrasser, les enfants ! il a hurlé. Je suis poursuivi par une avalanche !

L'avalanche, c'était maman. Elle s'est jetée sur papa, a roulé sur le plancher, puis a brandi victorieusement la couronne royale qu'il portait sur la tête.

– Je me sens en forme olympique ! elle s'est écriée en sautant dans ses skis. Rendez-vous au départ de la course, les enfants !

Et elle a disparu comme une flèche entre les sapins.

– Je crois que votre mère est prête pour l'épreuve reine de la compétition, a dit papa en ramassant sa couronne.

Et nous avons vite rejoint le château olympique, pour ne pas manquer la victoire de maman. Toutes les reines étaient réunies au sommet de la montagne. En bas, trois couronnes brillaient au sommet d'un piquet : une couronne d'or, une couronne d'argent, et une couronne de bronze. Chaque reine allait tout faire pour s'emparer de la couronne d'or.

– Quelle reine, votre maman ! a dit papa en sortant son téléphone pour filmer la course.

– Elle va battre tout le monde, comme d'habitude ! j'ai annoncé.

– C'est ça qui n'est pas drôle avec maman, a soupiré Louis-Junior. Elle gagne toujours à la fin.

Les trompettes olympiques ont soufflé dans les sapins. Au sommet, les reines se sont alignées. Soudain, un coup de canon a retenti, annonçant le départ. Au coude à coude avec la reine Georgina, maman a fait un départ fulgurant : on aurait dit qu'elle avait jailli du canon.

– Les enfants, votre mère va remporter l'or olympique ! a dit papa en nous serrant contre lui.

Mais alors qu'elle atteignait le milieu de la piste, un nuage de brouillard a recouvert la montagne. On distinguait à peine le bout de son propre nez.

– Mille dents de couronne ! a rugi papa. Mon téléphone n'y voit plus rien !

– Où est maman ? a chouiné Louis-Junior.

– Ne t'inquiète pas, j'ai chuchoté dans le silence de la brume. Je suis sûre qu'elle n'a pas quitté la couronne d'or des yeux !

Nous avons retenu notre souffle, les yeux plissés dans l'épais brouillard. Il n'y avait plus un bruit dans toute la montagne. Soudain, maman a poussé un hurlement triomphal, juste à côté de nous.

– Je la tiens ! elle s'est réjouie. Je tiens la couronne d'or !

– Tonnerre de sceptre ! a répliqué papa. C'est ma couronne que tu tiens !

– Ta couronne ? s'est étranglée maman.

Un coup de vent a dissipé le brouillard : maman brandissait la couronne de papa. En bas de la piste, la reine Georgina venait d'atteindre le piquet d'or, tandis qu'une autre reine se coiffait de la couronne d'argent. En voyant ça, maman a failli tomber de ses skis.

– Ce n'est pas encore fini ! l'a encouragée papa. Tu peux obtenir la couronne de bronze !

Alors maman a poussé sur ses bâtons de toutes ses forces, mais elle est arrivée quatrième aux piquets.

– Oh, oh ! Maman a perdu ! a commenté Louis-Junior.

– Perdu ? a protesté papa. C'est la première quatrième place de l'histoire du royaume ! Il faut fêter ça, les enfants !

Mais quand maman perd quelque chose, mieux vaut se tenir à distance. Et ne surtout pas la féliciter.

– Bravo, ma reine ! a applaudi papa. Quelle course historique !

– Historique ? s'est étranglée maman, rouge de colère. Une quatrième place ! Je n'ai jamais été aussi humiliée de toute ma vie ! Quel besoin avais-tu de porter notre couronne ?

– Louis-Junior, j'ai chuchoté, j'ai bien l'impression que nous sommes la dernière chance de médaille du royaume.

La famille au grand complet

Ce soir-là, nous avons tenu une réunion de crise au chalet. Il ne restait plus qu'une épreuve pour obtenir notre médaille : le relais de sceptre.

Pendant cette épreuve, les familles royales du monde entier concourent en même temps, et se transmettent leur sceptre jusqu'à la ligne d'arrivée. Le premier à la franchir remporte la médaille d'or.

– Avant d'établir notre stratégie, a dit maman en faisant les cent pas devant le feu de cheminée, il faut élire le capitaine de course. Qui vote pour moi, les enfants ?

Avec Louis-Junior, nous avons dévisagé papa et maman.

– Vous ne pourriez pas faire un discours, pour vous départager ? j'ai proposé.

– Excellente idée, ma fleur de lys ! a dit papa en nous faisant un clin d'œil. Mon discours ne sera pas long : Le plus important, c'est de participer !

– Le plus important, a rectifié maman, c'est de gagner la médaille d'or, bien sûr !

– On vote pour maman ! on a dit avec Louis-Junior.

Elle a esquissé un sourire dans la lueur des flammes, avant d'ouvrir son ordinateur sur le rebord de la cheminée.

– Voici le plan de la piste, les enfants. Et voici mon plan de course : votre père partira le premier, le sceptre en main…

– J'assume ce rôle décisif ! s'est vanté papa en s'enroulant dans sa cape rouge.

– … car il nous faudra du temps pour combler son retard, a conclu maman avec autorité. C'est là que j'interviens ! Sur cette partie abrupte, je devrais pouvoir rattraper ce prétentieux roi George. Qui veut se charger du sceptre dans la forêt de sapins ?

– Moi ! j'ai dit en fermant les poings.

– Parfait, ma chérie !

Alors papa, maman et moi avons tourné la tête vers Louis-Junior.

– Mon petit loup, lui a dit maman, ta sœur te donnera le sceptre juste ici, à la sortie des sapins. Tu n'auras plus qu'à foncer dans ce champ de bosses jusqu'à la ligne d'arrivée. Et nous remporterons la victoire !

Tout le monde a applaudi comme si nous avions déjà gagné la course.

– Avec un plan pareil, a dit papa, je ne vois pas comment la médaille d'or pourrait nous échapper ! Comme je dis toujours : c'est quand la famille est réunie que nous sommes les plus forts !

– Exactement ! a lancé une voix stridente. Je vois que j'arrive juste à temps !

La porte du chalet a claqué et une bourrasque s'est engouffrée dans la cheminée.

– Grand-mère ! on s'est écrié avec Louis-Junior.

La mine rayonnante, elle a traversé le salon en jetant ses skis dans les bras de papa.

– Me voilà, les enfants ! Je n'ai pas résisté à l'envie de sauver le royaume ! Pour commencer, elle a dit en se tournant vers papa, tu vas me faire le plaisir de jeter cette horrible tenue de plage au feu ! Tu mettras cette combinaison à fleurs de lys !

En découvrant sa combinaison, papa a semblé aussi furieux qu'un lundi où il porte la couronne. Quant à maman, ses sourcils dorés ont frémi.

– Est-ce que vous avez déjà skié, grand-maman ? elle a demandé, inquiète.

– Une seule fois ! C'était avec Hubert-Grand-Papa ! Mais ça n'a pas duré longtemps : il s'est cassé la jambe en prenant le télésiège, et nous sommes rentrés en ballon dirigeable au château.

Les yeux de maman ont pétillé devant son ordinateur. Elle a soudain refermé l'écran dans un clac sonore.

– Très bien ! elle a dit. Grand-maman, c'est à vous que revient l'honneur de commencer la course !

Grand-mère a paru satisfaite de cette proposition : elle a réclamé un bol de thé en s'installant devant la cheminée.

– Je rattraperai son retard. Comptez sur moi, a chuchoté papa en jetant les skis de grand-mère sur le tas de bois.

À vos marques !

Pour la dernière épreuve des Jeux, les familles royales ont défilé au grand complet dans le château olympique. Assis entre les oreilles de Bozzo, Louis-Junior agitait notre sceptre comme une massue.

Devant nous, la famille du royaume d'à côté arborait fièrement la médaille d'or de la reine Georgina. Quant aux princesses Georgette 1 et 2, elles soulevaient à grand-peine l'énorme sceptre familial.

– Voilà l'homme qui n'est jamais tombé à skis ! s'est moqué le roi George en se tournant vers nous.

– J'espère que vous avez mis un caleçon à fleurs de lys sous votre short de bain, lui a répondu papa du tac au tac.

À l'approche de la course, toutes les familles se sont agitées au sommet de la montagne. Au loin, une épaisse forêt de sapins pigmentait la piste. Et plus bas encore, on distinguait la ligne d'arrivée, plus mince qu'un filament doré.

Tandis que les trompettes olympiques retentissaient, chacun prenait la place qu'il devait occuper pendant le relais. La mienne était à l'orée de la forêt. Une fois sur place, j'ai levé les yeux vers le sommet. Juste au-dessus de moi, maman observait la montagne de son œil d'aigle. Elle avait insisté pour que chacun porte une oreillette. Sa voix a grésillé dans nos oreilles.

– Grand-maman, vous nous recevez, tout là-haut ?

Au pied du château olympique, grand-mère avait l'air minuscule à côté de Bozzo.

– Affirmatif ! elle a dit en agitant le sceptre royal.

– Je te reçois moi aussi, a affirmé papa, positionné un peu plus bas que grand-mère, en levant son bâton.

– Alice ? a demandé maman en se tournant dans ma direction. Tout va bien, ma fleur de lys ?

– J'ai des fourmis dans les skis, maman ! j'ai répondu.

Alors, enfin, sa voix a murmuré :

– Louis-Junior, prêt à entrer dans l'histoire du royaume ?

Nous avons entendu un ricanement dans nos casques. Chacun a compris que Louis-Junior était prêt.

Soudain, les trompettes olympiques se sont étouffées. Un silence suffocant a soufflé sur la montagne. Et un coup de canon a retenti.

Louis-Junior a disparu

Comme prévu, grand-mère a foncé tout droit. Ce qui n'était pas prévu, en revanche, c'est que Bozzo prenne le départ de la course avec elle. Au coup de canon, la neige a frémi et l'énorme éléphant a glissé dans la pente, fusant au milieu des autres skieurs. Grand-mère l'a évité de justesse, en passant entre ses pattes.

– Bravo ! j'ai crié en agitant les bras. Ça va être à toi de jouer, papa !

Hélas ! papa nous avait réservé une surprise.

– Oh non ! a murmuré maman.

En cachette, il avait retiré sa combinaison à fleurs de lys pour enfiler son short de bain. Quand grand-mère a vu ça, elle a levé le sceptre royal. Mais, au lieu de le donner à papa, elle l'a aplati sur sa tête. Pendant ce temps, le roi George déboulait devant maman avec un sourire triomphal. Même Bozzo poursuivait tranquillement sa descente.

– Grand-mère, a dit maman avec sang-froid, apportez-moi ce fichu sceptre tout de suite, ou nous allons perdre l'épreuve !

Heureusement, papa a bondi pour arracher le sceptre des mains de grand-mère. Puis il a roulé-boulé dans la pente jusqu'aux chaussures de maman.

– Rattrape le roi George, ma chérie ! il a dit en lui confiant le sceptre royal.

Le temps qu'il se relève, maman était déjà loin, filant comme une flèche et talonnant le roi George. Il est arrivé le premier à la forêt, où l'attendait la reine Georgina, qui s'est élancée à son tour. J'ai tendu la main aussi loin que possible vers maman.

Tout à coup, mon gant s'est refermé sur le sceptre de la famille. J'ai fléchi les jambes pour me faufiler à la poursuite de nos concurrents.

– Tu peux rattraper Georgina, ma chérie ! a dit la voix de maman dans mon oreillette.

– Tu es la meilleure ! m'a encouragée papa.

– Fonce, ma petite Alice ! a braillé grand-mère.

J'ai slalomé entre les épines des sapins à toute vitesse, jusqu'à apercevoir le derrière argenté de la reine Georgina. J'entendais la respiration de toute la famille dans mon oreillette. J'ai profité d'une petite bosse pour doubler Georgina et deux autres reines.

– Louis-Junior, tu es prêt pour le sprint final ? j'ai articulé dans ma cagoule.

Pas de réponse.

– Louis-Junior, tu me reçois ?

Je suis sortie du bois de sapins. Pas de trace de Louis-Junior. La reine Georgina a surgi derrière moi ; les Georgette 1 et 2 ont attrapé chacune une extrémité du sceptre de leur mère, fusant en tandem vers la ligne d'arrivée.

– Louis-Junior ? j'ai appelé désespérément.

– Louis-Junior ! a crié maman. Ce n'est pas le moment de jouer à cache-cache !

Un ricanement a grésillé dans mon oreille. Avant que j'aie pu me retourner, un skieur a jailli dans mon dos, s'est emparé du sceptre royal et a filé sur le dos bosselé de la montagne.

– J'étais allé faire pipi ! a annoncé fièrement Louis-Junior.

– La prochaine fois, l'a houspillé papa, fais pipi dans ta combinaison !

Pendant ce temps, Louis-Junior doublait princes et princesses les uns après les autres. Il semblait voler par-dessus les obstacles.

– Fonce, Louis-Junior ! Fonce ! j'ai rugi.

Il a rattrapé les Georgette. Mais au lieu de les doubler par le côté, il a voulu faire le malin en passant sous le sceptre des deux princesses.

– Attention ! je me suis étranglée.

Georgette 1 a brusquement baissé le sceptre d'un cran, et Louis-Junior l'a percuté de plein fouet.

Il a poussé un cri, avant de s'écraser au milieu des bosses.

Le triomphe de Bozzo

La voix de maman a crépité dans mon oreillette :

– Que se passe-t-il, les enfants ? Je ne vous vois plus !

– Louis-Junior s'est crashé ! j'ai annoncé. Je répète : Louis-Junior s'est crashé !

Un long silence a soufflé sur la montagne.

– Alors la course… est perdue ? a bredouillé maman.

– Attention, les enfants ! a dit la voix de papa. Quelque chose déboule vers vous à toute allure !

Je me suis retournée : Bozzo continuait de dévaler la piste. Il avait dû être ralenti par la forêt de sapins, car il était couvert de branches. Reprenant de la vitesse, il a foncé droit sur Louis-Junior. Il est passé par-dessus lui sans même ralentir.

Dans mon oreillette, papa, maman et grand-mère osaient à peine respirer. Affalé dans la neige, Louis-Junior ne bougeait plus. Soudain, sa voix a grésillé :

– J'ai transmis le sceptre à Bozzo !

– Quoi ? a murmuré maman.

– Retournement de situation ! j'ai crié sans oser y croire. Bozzo continue la course !

L'éléphant brandissait le sceptre au bout de sa trompe. Il était si énorme qu'il aplatissait les bosses comme une dameuse. Alors toute la famille s'est mise à acclamer une peluche.

Au trompe à coude avec les Georgette, le doudou de Louis-Junior gagnait du terrain.

Son ombre a brusquement recouvert les petites princesses. Georgette 1 a lâché l'extrémité du sceptre et Georgette 2, emportée par son élan, s'est emmêlée dans les filets de sécurité. Alors Bozzo a franchi triomphalement la ligne d'arrivée.

– Je ne peux pas le croire ! a dit la voix émue de maman. Est-ce que nous avons vraiment gagné notre première médaille ?

– Une médaille de bronze ! j'ai prévenu. Deux autres familles sont arrivées avant nous.

Maman a surgi du bois de sapins.

– Une médaille de bronze ! elle s'est exclamée. Mais c'est merveilleux, ma chérie. C'est la toute première médaille de l'histoire du royaume !

Et elle m'a serrée dans ses bras, avant de relever Louis-Junior.

– Où sont papa et grand-mère ? il a demandé fièrement.

Des « tonnerres de sceptre » ont grondé dans nos oreilles et nous avons levé des yeux inquiets vers les sapins.

– Allons chercher notre médaille, les enfants ! s'est réjouie maman.

Le plus difficile, ç'a été de trouver un podium assez grand pour accueillir un éléphant. Papa et maman ont soupiré d'émotion quand les trompettes olympiques ont joué l'hymne du royaume. Même grand-mère a versé une petite larme.

– Dignité et respect, dans la défaite comme dans la victoire, les enfants ! C'est le plus important, a dit papa avec un grand sourire, en filmant la famille du royaume d'à côté qui nous applaudissait.

Avant le départ, nous avons échangé une révérence avec les Georgette, puis nous avons bondi dans la cabine de l'hélico royal. Tout le monde avait hâte de rentrer à la maison.

Un accueil royal

Le voyage du retour a été silencieux. Louis-Junior et papa se sont même endormis dans leur fauteuil. C'est quand nous avons aperçu les tours du château, un peu plus tard, qu'un tonnerre d'applaudissements les a réveillés.

La place du centre-ville était noire de monde. Pendant ce temps, Bozzo se balançait fièrement sous l'hélicoptère, le sceptre à la trompe.

– Pour une fois que le royaume se réunit pour nous applaudir, ça fait chaud au cœur ! a bâillé papa en faisant coucou de la main.

– En plus, j'ai chuchoté à son oreille, tu vas pouvoir profiter de cette semaine sans porter la couronne ! C'est maman qui se chargera des discours au balcon, du défilé sur le dos de Bozzo et de tout le train-train protocolaire.

Papa a eu un sourire rêveur. Il a bondi le premier de l'hélicoptère, quand celui-ci a atterri sur le balcon royal. Louis-Junior et moi nous sommes penchés à la balustrade. Grand-mère aussi a pris sa part des hommages.

C'est en sentant une tempête souffler dans notre dos que j'ai tourné la tête. L'hélicoptère royal redécollait, en emportant Bozzo.

– Je vais bronzer sur une île déserte ! a crié maman tout sourire au poste de pilotage. Bonne semaine, mes chéris !

– TONNERRE DE SCEPTRE ! a rugi papa.

Mais il n'avait pas dit son dernier mot.

– C'est ton tour de porter la couronne ! il a protesté en s'accrochant à une patte de Bozzo.

L'hélicoptère a continué son vol, sous les vivats de la foule. Grand-mère nous a entourés de ses bras en murmurant :

– Je me demande quelle tête fera votre mère quand elle découvrira qu'elle est seule sur une île déserte avec Bozzo… et votre père !

– Moi aussi, je veux bronzer sur une île déserte ! a chouiné Louis-Junior.

– Qui va porter la couronne, maintenant ? j'ai demandé à grand-mère.

Elle a souri en sortant deux petits paquets de nos bagages.

– Cette semaine, les enfants, c'est vous qui porterez la couronne. Il est temps que vous vous comportiez en vrais prince et princesse.

– Oh, non ! Pas la couronne ! on a hurlé avec Louis-Junior.

Et nous nous sommes enfuis dans le château, pour une partie de cache-cache royale.

L'auteur et l'illustratrice

Christophe Mauri est né en région parisienne en 1987. Il rêve très tôt d'écrire pour la jeunesse et il adresse son premier manuscrit aux Éditions Gallimard Jeunesse à l'âge de treize ans. C'est au cours de ses études de lettres à Paris qu'il commence la saga *Mathieu Hidalf*. Depuis, Christophe se consacre à sa passion pour l'écriture.

Aurore Damant est née en 1981, à Beauvais. Diplômée de l'école des Gobelins en animation, elle travaille ensuite une dizaine d'années pour différents studios avant de se lancer dans l'illustration pour enfants (presse, édition).

Dans la série

La famille ROYALE

Vacances en château pliable

Objectif médaille d'or

SOS sur île déserte

Un, deux, trois... soleil !

Cache-cache couronne

Noël en hélico-traîneau

Maquette : Karine Benoit

ISBN : 978-2-07-511616-9
N° d'édition : 341765
Loi n° 49-956 du 16 juillet 1949
sur les publications destinées à la jeunesse
Premier dépôt légal : octobre 2016
Dépôt légal : octobre 2018
Imprimé en Espagne par Novoprint (Barcelone)